Der vorliegende Band enthält sämtliche Hörspiele Ilse Aichingers, von *Knöpfe* (1953) bis zu *Gare maritime* (1976), das die Autorin für den Süddeutschen Rundfunk / Westdeutschen Rundfunk mit Jutta Lampe, Ernst Jacobi und Otto Sander inszeniert hat.

Schon lange vor dem Entstehen des »Neuen Hörspiels« hatte Ilse Aichinger in ihrem Hörspiel *Besuch im Pfarrhaus* (1961) ein fließendes Spiel aus Stimmen komponiert, ein Spiel, das die Gespräche eines Nachmittags, das Einsamkeit, Trauer und Tod in schwebender Polyphonie gegenwärtig macht. Ernst Jandl gehört zu den frühen Bewunderern dieser »Folge von Wörtern und Sätzen... die Beziehungen aufnahm zu Dingen außerhalb, zur Welt, zum Leben«. Rosalie in *Die Schwestern Jouet* (1967) findet dieses »Außerhalb« aber nicht mehr erträglich. Sie erfindet sich die Welt einfach neu: Giraffen mit kurzen Hälsen, päpstliche Gesandte, die ständig erkältet sind, Jäger ohne Jagdlust. Von ihrer keifenden Schwester Josefa läßt sie sich dabei kaum bremsen: Ein Gespräch über das Schreiben, als würde es geführt im Haushalt der Schwestern Brontë. Nach dem radikalen Stück aus Stimmen *Auckland* (1969) treibt *Gare maritime* die Kritik an bestehender Wirklichkeit ins Extrem: Joan und Joe, ein durchaus unnützes Liebespaar, versuchen gemeinsam das Atmen zu verlernen, um in einem Milieu der »Blockschließer« noch unnützer zu werden: »Diese Welt und diese Gesellschaft, in der die Wertmaßstäbe der Effektivität, der ungeduldigen Nützlichkeit ausschließlich zu werden drohen, könnte die Chance ihrer Erneuerung bei denen haben, die sie unnütz nennt«, heißt es in Ilse Aichingers – hier erstmals veröffentlichter – *Vorbemerkung zu ›Gare maritime‹.*

»Gerade die Reden, die am rätselhaftesten erscheinen, bewältigen das Konkrete, die konkrete Verstörung und Zerstörung, die Verzweiflung, den Tod.« (Helmut Heißenbüttel)

Ilse Aichinger wurde am 1. November 1921 mit ihrer Zwillingsschwester Helga in Wien geboren, als Tochter einer Ärztin und eines von Steinmetzen und Seidenwebern abstammenden Lehrers. Volksschule und Gymnasium in Wien. Nach dem Einmarsch Hitlers in Österreich im März 1938 verlor die jüdische Mutter sofort Praxis, Wohnung und ihre Stellung als städtische Ärztin. Die Schwester konnte im August 1939 nach England emigrieren, der Kriegsausbruch verhinderte die geplante Ausreise der restlichen Familie: Die Großmutter und die jüngeren Geschwister der Mutter wurden 1942 deportiert und ermordet. Ilse Aichinger war während des Krieges in Wien dienstverpflichtet; nach Kriegsende Beginn eines Medizinstudiums, das sie 1947 abbricht, um den Roman *Die größere Hoffnung* zu schreiben. Arbeitet im Lektorat des S. Fischer Verlages in Wien und Frankfurt/M., anschließend an der von Inge Scholl geleiteten Ulmer Volkshochschule, wo sie an Vorbereitung und Gründung der »Hochschule für Gestaltung« mitarbeitet. 1952 Preis der Gruppe 47 für die *Spiegelgeschichte*. 1953 Heirat mit Günter Eich, zwei Kinder, Clemens (1954) und Mirjam (1957). Nach einigen Jahren in Oberbayern (Lenggries und Chiemsee) Umzug nach Großgmain bei Salzburg 1963. 1972 starb Günter Eich; 1984 bis 1988 lebte Ilse Aichinger in Frankfurt/M., seit 1988 in Wien. Wichtige Auszeichnungen: Preis der Gruppe 47 (1952), Georg-Trakl-Preis (1979), Petrarca-Preis (1982), Franz-Kafka-Preis (1983), Preis der Weilheimer Schülerjury (1988), Solothurner Literaturpreis (1991), Großer Literaturpreis der Bayerischen Akademie (1991).

Der Herausgeber *Richard Reichensperger,* geboren 1961 in Salzburg; Dr. jur. (1984), anschließend Studium der Germanistik, Philosophie, Theologie in Bonn und Salzburg; Dissertation über Robert Musil. Lebt als Journalist und Literaturwissenschaftler in Wien.

Ilse Aichinger
Werke

Taschenbuchausgabe
in acht Bänden
Herausgegeben von
Richard Reichensperger

Die größere Hoffnung
Der Gefesselte
Eliza Eliza
Schlechte Wörter
Kleist, Moos, Fasane
Auckland
Zu keiner Stunde
Verschenkter Rat

Ilse Aichinger
Auckland
Hörspiele

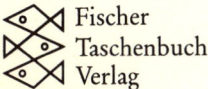 Fischer
Taschenbuch
Verlag

Veröffentlicht im Fischer Taschenbuch Verlag GmbH,
Frankfurt am Main, November 1991

Lizenzausgabe mit freundlicher Genehmigung
des S. Fischer Verlags GmbH, Frankfurt am Main
© S. Fischer Verlag GmbH, Frankfurt am Main 1954, 1969, 1976
Für diese Ausgabe:
© 1991 Fischer Taschenbuch Verlag GmbH, Frankfurt am Main
Umschlaggestaltung: Büro Aicher, Rotis
Satz: Fotosatz Otto Gutfreund, Darmstadt
Druck und Bindung: Clausen & Bosse, Leck
Printed in Germany
ISBN 3-596-11046-7

Für Jutta Lampe und Otto Sander

Inhalt

Knöpfe

Personen

JOHN

ANN

ROSIE

JEAN

BILL

JACK

STIMME

VERKÄUFER

Straße, starker Regen

JOHN   Hast du es heute wieder gehört, Ann?

ANN   Ja. Wie immer. Kurz bevor ich wegging.

JOHN   Und die andern? Hören die es auch?

ANN   Jean sagt, man gewöhnte sich so daran, daß man es zuletzt nicht mehr hört. Sie ist schon zwei Jahre in der Abteilung und hört es fast nicht mehr. Und auch Rosie sagt, sie hätte zuerst Angst davor gehabt. Jetzt hat sie keine mehr.

JOHN   Und du?

ANN   Mir wird es auch so gehen. Zuerst werde ich keine Angst mehr haben und zuletzt höre ich es gar nicht mehr. Und dann ist alles gut.

JOHN   Ja, meinst du?

ANN   Jean sagt, wir sollten uns hüten, uns darüber zu beschweren. Die Mädchen in den andern Abteilungen werden immerfort entlassen, und wenn wir die Zwirn- oder Elfenbeinknöpfe hätten, wären wirs auch schon. Nur weil wir bei den schönen Knöpfen sind, werden wir noch gehalten. *Als John nichts antwortet, eifriger* Jean sagt auch, wenn es auf die Zwirnknöpfe oder auf die Elfenbein- knöpfe oder auf sonst etwas ankäme, müßten wir längst schließen. Nur wegen der schönen Knöpfe läuft der Laden weiter.

JOHN	Und deshalb dürft ihr nicht fragen, weshalb die Wand abbröckelt?
ANN	Es ist nicht die Wand, es ist hinter der Wand, John. Rosie meint, es hinge vielleicht mit der Herstellung zusammen. Aber es ist besser, nicht zu fragen, sonst denkt der Alte, wir wollten dahinterkommen.
JOHN	Ich würde gern einmal einen von diesen Knöpfen sehen.
ANN	Schön sind sie. Sie glänzen auch, wie andere Knöpfe nicht glänzen. Wenn ich sie angreife, denke ich manchmal, ich könnte sie wie Früchte zwischen meinen Fingern pressen, aber sie sind ganz hart. Wenn ein Knopf eine Farbe hat, so hat er doch die andern Farben alle auch. Und einer von ihnen kostet mehr als mein Wochenlohn. *Nach einem Augenblick* Aber ich kann keinen nach Hause nehmen, auch wenn ich ihn am nächsten Tag zurückbrächte. Sie würden es merken.
JOHN	Dann will ich einen kaufen und dir schenken, Ann.
ANN	Nein, ich will keinen haben. Ich hätte immer das Gefühl, ich trüge etwas Fremdes auf mir.
JOHN	Etwas Fremdes?
ANN	Und für soviel Geld! Ein ganzer Wochenlohn.

JOHN	Ich wollte, du brauchtest keinen Wochen-lohn mehr, Ann, und du müßtest nie mehr dorthin gehen.
ANN	*nachdenklich* Ja, das möchte ich auch.
JOHN	Aber der Regen läßt jetzt nach, komm weiter!
ANN	Was ich sagen wollte, John: dieses Geräusch im Laden, es klingt doch nicht ganz wie Regen. Eher wie Hagel. Oder wie das Prasseln von Feuer.

Raum in der Fabrik. Das Geräusch hinter der Wand

ANN	Schon wieder.
ROSIE	Das höre ich gar nicht mehr. Und wenn du einige Zeit hier bist –
ANN	Und wenn ich zehn Jahre hier wäre, ich würde immer neu erschrecken.
ROSIE	Das denken alle zu Beginn. Ich hätte mir noch vor sechs Wochen nicht denken können, daß ich nicht erschrecke.
JEAN	Wenn ihr einmal zwei Jahre in einer Abteilung seid. Ich glaube, ich würde erschrecken, wenn ich es nicht mehr hörte.
ANN	Und zu Beginn?
JEAN	Ich weiß nicht mehr, wie es da mit mir war. *Gähnt*
ANN	Aber das muß doch – *verwirrt* es muß doch möglich sein, daß man zu irgend

	jemandem geht und ihn fragt. Vielleicht ist alles ganz einfach.
JEAN	Möglich.
ANN	Vielleicht wissen es sogar Bill oder Jack. Wenn jemand Vertreter ist –
JEAN	Ja, sicher wissen sie's. Vermutlich hängt es mit der Herstellung zusammen.
ANN	Und du hast nicht gefragt, Jean? Die ganzen zwei Jahre hast du nicht gefragt?
JEAN	Weil es mich nichts angeht. Die Herstellung ist geheim. Ich will nicht entlassen werden.
ANN	Du bist doch gut mit Bill?
JEAN	Und ich will es auch bleiben.
ROSIE	Vielleicht werden die Knöpfe gebrannt.
ANN	Vielleicht.
ROSIE	Oder gedreht. Aber wir haben schon lange kein neues Modell gehabt, Jean.
JEAN	Das letzte war gerade neu, als ich kam.
ROSIE	Elisabeth.
ANN	Ist das der blaue Knopf?
JEAN	Kurz vorher waren auch Silvia und Vernon entstanden.
ANN	Und du warst hier allein?
JEAN	Bis Rosie kam.
ANN	Und hattest keine Angst? Ich meine, als du es zum erstenmal hörtest, Jean?
JEAN	Bill hat mir gleich Gesellschaft geleistet, und auch Jack. Nein, ich glaube, ich hatte keine Angst.

ANN	Auch nicht ganz zu Beginn?
JEAN	*nachdenklich* Ganz zu Beginn?

Anderer Raum

BILL	Sie sind das neue Fräulein?
JEAN	Ich – ich glaube, ja.
BILL	Glück gehabt.
JEAN	Ich bin auch glücklich.
BILL	In den andern Abteilungen werden alle entlassen, nur hier –
JEAN	Ist diese Abteilung hier eine besondere?
BILL	Für Schmuckknöpfe, ja. Meiner Meinung nach die einzige, die zuletzt bleiben wird. Aber Sie haben gar nichts Besonderes zu tun. Nur Knöpfe zu sortieren und dann zu zählen.
JEAN	Schöne Knöpfe.
BILL	Sie haben alle Namen. Dies ist Vernon. Und das ist Elisabeth. Und hier sind die Fächer, wo sie hineinkommen.
JEAN	Ich glaube, ich finde mich bald zurecht.
BILL	Um so besser. Ich heiße Bill und bin Vertreter.
JEAN	Ich heiße Jean.
BILL	Dann – auf gutes Einvernehmen, Jean!
JEAN	Das hoffe ich.
BILL	Wir werden oft miteinander zu tun haben.

*Raum wie vorher. Das Geräusch hinter
der Wand*

JEAN   Was war das eben?

ANN   Jetzt bist du erschrocken, Jean!

JEAN   Ich führte nur in Gedanken ein Gespräch
mit Bill. Mein erstes Gespräch noch
einmal.

ROSIE   Als ich kam, empfing mich Jack.

JEAN   Und wahrscheinlich sagte er dasselbe.

ANN   Ich möchte wissen, weshalb es hier so
heiß ist. Manchmal dreht sich mir alles.

ROSIE   Von den elektrischen Öfen, es ist diese
trockene Hitze.

JEAN   Ihr könnt froh sein, daß ihr's warm habt.

ANN   Und was mit den vielen Knöpfen
geschieht, die wir täglich ordnen; was der
Alte damit macht.

JEAN   Wenn er einen verkauft, lebt er lange
davon. Bill sagt, allein die Provision –

ANN   Aber die andern?

JEAN   Darum mach dir keine Sorgen, Ann!

ANN   Ich frage mich: woher kommen die
Knöpfe?

Auf der Straße

JOHN   Und woraus werden sie gemacht, Ann?

ANN   Aus Zwirn und Schildpatt und Elfenbein.

JOHN   Ich meine die in eurer Abteilung.

ANN	Wenn ich das wüßte!
JOHN	Und wenn du sie anrührst, wenn du sie zwischen den Fingern hältst, tausendmal jeden Tag?
ANN	Dann weiß ich auch nur, woraus sie nicht sind, John.
JOHN	Aber es muß doch etwas geben, mit dem du sie vergleichen kannst. Wie aus Holz oder Glas –
ANN	Als nähme ich Kirschen vom Baum und sie wären alle rot und steinhart. Und ich möchte sie zwischen Zunge und Gaumen wärmen und wieder Früchte werden lassen und kann es doch nicht, weil ich sie zählen muß. Aber ich rede Unsinn. Jean war heute sehr müde, und ich bin's jetzt auch. Sie muß mich angesteckt haben.
JOHN	Wenn es kein Unsinn wäre?
ANN	Wir müssen froh sein –
JOHN	Wenn ich froh bin, Ann, bin ich's lieber freiwillig.
ANN	Ach Gott, John!
JOHN	Du bist anders heute. Auch dein Gesicht.
ANN	Es ist nur dunkler geworden. Das wenige Licht von vorhin ist auch verschwunden.
JOHN	Wir wollen gehen. Aber bring morgen einen Knopf mit, Ann, bring einen mit!

Raum in der Fabrik

ROSIE	June – Margaret – Vernon – June – June – June –
ANN	Hör auf, Rosie.
ROSIE	Ich zähle nur laut.
ANN	Zähl leise.
ROSIE	Weshalb?
ANN	Weil es immer klingt, als riefst du nach jemandem. Du könntest ebensogut sagen Ann – Ann – Ann.
ROSIE	Ann – Ann – Ann –
JEAN	Weshalb auch nicht?
ANN	Oder Jean.
ROSIE	Jean – Jean –
ANN	So sag doch etwas, Jean, wehr dich doch!
JEAN	Jean – klingt wirklich gut.
ROSIE	Fünf vor sechs.
JEAN	Kannst du mir den Spiegel herüberreichen, Ann?
ROSIE	Hübsch bist du, Jean.
JEAN	Laß mich in Frieden, Rosie.
ROSIE	Ich meine es ernst. Findest du nicht auch, Ann, daß Jean heute ihren hübschen Tag hat?
ANN	Ich finde, daß Jean verändert aussieht.
JEAN	Das ist nicht besonders nett von dir, Ann. Das hieße, daß ich sonst –
ANN	Das wollte ich nicht sagen. Aber du siehst so glatt heute aus.

JEAN	Glatt?
ANN	Dir steht kein Haar zu Berge!
JEAN	Weshalb sollte mir denn ein Haar zu Berge stehn?
ANN	Ich meine: dir fliegt nichts im Wind.
JEAN	Wie soll etwas im Wind fliegen, wo kein Wind ist?
ROSIE	Ann brächte es fertig. Der flögen auch noch im luftleeren Raum die Haare.
ANN	*ängstlich* Im luftleeren Raum, jetzt weiß ich's, Jean. So siehst du aus.
ROSIE	Jean, du bist ganz in Ordnung.
ANN	Als wärst du im luftleeren Raum. Als bliebst du so.
JEAN	Ich wäre ganz zufrieden, wenn ich so bliebe.
ROSIE	Hast du etwas gesagt, Ann?
ANN	Nichts. Aber ich – ich möchte nie für immer so bleiben, wie ich gerade bin. *Es schlägt sechs*
ANN	Könnt ihr nicht die Türe öffnen? Man bekommt keine Luft hier.
ROSIE	Du kannst gehen, wenn du Luft willst, Ann. Es schlägt sechs.
ANN	Ich gehe auch.
JEAN	Haltet Frieden, Kinder! Ich fühle mich sehr wohl heute.
ROSIE	Und Bill gefällst du, Jean!
ANN	Ganz sicher.
ROSIE	Schließ die Tür hinter dir zu, Ann!

Die Tür geht

JEAN	Ich fühle mich müde, Rosie. Und ich hätte nichts dagegen, wenn meine Augen nicht immer kleiner davon würden.
ROSIE	Solange du noch heraussiehst –
JEAN	Bis Bill kommt, sehe ich nicht mehr heraus.
ROSIE	Wenn Bill kommt, gehen dir die Augen auf.
JEAN	Ich wollte, er käme schon. Dann dürften sie mir ruhig zufallen.
ROSIE	Ich gehe jetzt auch, Jean.
JEAN	Rosie!
ROSIE	Wolltest du noch etwas?
JEAN	Alles wird kleiner, wenn man so müde ist.
ROSIE	Schlaf ruhig, bis Bill kommt.
JEAN	Mir scheint, daß auch mein Mund kleiner wird, Mund und Augen –
ROSIE	Schlaf ruhig. Es ist kein Mensch im Haus. *Sie öffnet die Tür*
JEAN	Mund und Augen, Rosie, aber ich kann sie nicht schließen. Wenn ich so müde bin, werden mir die Augen klein, ohne daß ich sie schließen könnte. Nur du wirst groß, Rosie, du wirst riesengroß –
ROSIE	Ich lasse die Tür auf, Jean. *Ihre Schritte, die sich entfernen*
JEAN	– so groß wie die Tür, wie die offene Tür, hörst du mich, Rosie? Ich kann die

Augen nicht mehr schließen. Als blieben sie immer so, klein und halboffen, als hätte ich zwei Lücken im Kopf, sonst nichts.

Schritte auf der Treppe

JEAN	Bist du's, Bill?
ANN	Nein, nur ich.
JEAN	Weshalb kommst du zurück?
ANN	Ich hatte mein Halstuch vergessen, es ist windig draußen.
JEAN	Mir werden die Augen hier immer kleiner.
ANN	Kannst du mich nicht ein Stück begleiten, Jean? Der Wind wird dir guttun.
JEAN	Ich warte noch auf Bill.
ANN	Dann gute Nacht.
JEAN	Jetzt bist du auch so groß wie die offene Tür, Ann.

Anns Schritte entfernen sich. – Das Geräusch hinter der Wand setzt ein und bricht plötzlich ab

JEAN	*als träume sie* Da bist du.
BILL	Hübsch kühler Tag heute.
JEAN	Und? Wie war der Verkauf?
BILL	Immer dasselbe. Die schönen gehen und die andern bleiben liegen.
JEAN	Solltest eben nur schöne haben, Bill.
BILL	Sollte nur schöne haben, Jean! Wo sind die andern?
JEAN	Rosie trifft sich mit Jack, und Ann – ich glaube, Ann ist auch gegangen.

BILL	Und wir?
JEAN	Ich fühle mich sonderbar heute.
BILL	Krank?
JEAN	Nicht krank, nur etwas müde. Ich fühle mich sonderbar wohl, Bill. Ganz sonderbar wohl. So glatt und rund.
BILL	*vergnügt* Das ist aber gut, Jean. Das ist gut, wenn du dich so fühlst!
JEAN	Es ist ganz beruhigend.
BILL	Und was wollen wir tun?
JEAN	Alles. Was du willst.
BILL	Die Galerien?
JEAN	Nichts, wo ich schauen muß.
BILL	Oder etwas Musik?
JEAN	Nichts, was ich hören muß.
BILL	Dann bleibt nur eines, Jean.
JEAN	Das wäre möglich.
BILL	Dann bist du wohl so weit?
JEAN	Dann bin ich so weit.
BILL	Dann hätten wir dich, Jean.
JEAN	Noch kleiner als ich dachte.

Das Geräusch hinter der Wand, sehr stark

Im Freien

ROSIE	Ich freue mich, daß du endlich mitkommst, Jack. Meine Mutter hat schon zweimal umsonst den Tee für dich gerichtet.
JACK	Heute wird es nicht umsonst sein, Rosie.

24

ROSIE	Und du mußt auch keine Angst vor meinen Eltern haben, sie freuen sich. Sie sagen, sie wollten endlich den kennenlernen, der mich so verändert hat.
JACK	*spöttisch* Verändert?
ROSIE	Alle finden es, ich bin hübscher geworden. Meine Mutter sagt auch, sie hätte sich früher nicht mit mir sehen lassen können, aber jetzt – jetzt sehe ich endlich so aus wie alle andern. Seit ich dich kenne.
JACK	Das ist gut so, Rosie.
ROSIE	Jetzt könnte man endlich mit mir unter die Leute gehen. Wirklich, daß du nicht schon längst mitgekommen bist, Jack!
JACK	*ungeduldig* Ihr wohnt sehr weit draußen.
ROSIE	Mir scheint es immer weiter, oft ist mir jeder Schritt zuviel, den ich vom Laden entfernt wohne. Am liebsten bliebe ich gleich darinnen.
JACK	Ja?
ROSIE	Und ginge nie mehr weg. Und müßte mich nie mehr von dir trennen. Täglich frage ich mich, weshalb ich noch nach Hause soll.
JACK	Ja, weshalb eigentlich?
ROSIE	Ich meine es ernst, Jack. Die Füße werden mir jeden Abend schwerer. Es beginnt schon, wenn ich durch die Stadt zur Untergrundbahn gehe, und auch

	während der Fahrt, und erst, wenn ich hier aussteige und die Eisenbahnbrücke überquere. Und wenn ich dann den Weg hinaufgehe –
STIMME	Abend, Fräulein Rosie!
ROSIE	Ich weiß auch nicht, was ich mit den Leuten hier anfangen soll, Jack. Ich grüße nie mehr zurück. Ich will mit niemandem mehr zu tun haben als mit dir.
JACK	Das ist schön, Rosie.
ROSIE	*außer Atem* Und wenn ich dann hier hinaufgehe, geht mir der Atem aus. Dann reicht meine Kraft nie weiter als – hier sind wir, Jack!
JACK	Zu Hause?
ROSIE	Nein, am ersten Briefkasten. Hier muß ich immer ausruhen, *schneller* hier lehn ich mich daran und lege den Kopf auf die Arme –
JACK	Es ist ein hübscher Briefkasten.
ROSIE	Hier muß ich alle Kraft zusammennehmen, damit ich nicht zurücklaufe, zu dir, Jack –
JACK	Ja?
ROSIE	Zu dir und in den Laden. *Nach einer Pause* Auch heute, obwohl du doch bei mir bist. Ich möchte auch heute in den Laden zurück.
JACK	Weshalb gehen wir dann weiter?
ROSIE	Ja. Weshalb gehen wir weiter?

JACK	Weshalb sollst du denn alle Kraft zusammennehmen, wenn es auch einfacher geht?
ROSIE	Ich weiß im voraus, was meine Mutter sagen wird, und unser Vorgarten sieht genauso aus wie alle andern. Und wir haben auch Strohblumen an den Fenstern.
JACK	Ich kanns mir vorstellen.
ROSIE	Und unsere Vorhänge hängen genau so weiß und lahm herunter wie überall. Es ist kein Unterschied.
JACK	Ich weiß.
ROSIE	Wir wollen umkehren, Jack.

In einem Zimmer

ANN	Ich wollte, es wäre schon morgen um die Zeit und ich hätte ihn zurückgegeben und niemand hätte gesehen, daß ich ihn genommen habe.
JOHN	Laß ihn liegen, Ann!
ANN	Warum?
JOHN	Weil ich nicht will, daß du ihn anrührst.
ANN	Ich rühre jeden Tag viel mehr Knöpfe an.
JOHN	Ich will auch sehen, wie er für sich allein aussieht.
ANN	Es ist ein älterer Knopf, wir haben auch schönere. Aber ich nahm ihn, weil ich dachte, daß es weniger auffällt. Er heißt Vernon.

JOHN	Vernon.
ANN	Von den neuen gibt es immer nur wenige, aber von diesen hier gibt es viel. Manchmal greife ich mit beiden Händen in die Schachtel und habe nichts als Vernon darinnen; auch von Elisabeth gibt es genug. *Nach einem Augenblick* Aber er sieht anders aus als in seinem Fach. O John, ich wollte, ich hätte ihn schon zurückgegeben.
JOHN	Wenn ich ein Mädchen wäre, ich würde ihn mir nicht aufs Kleid nähen.
ANN	Du wolltest ihn mir schenken!
JOHN	Ich wollte ihn sehen.
ANN	Soll ich das Licht andrehen?
JOHN	Es ist noch hell genug.
ANN	Es ist ein sonderbares Licht heute, als käme Regen, aber als käme mitten im Zimmer Regen. Alles ist so nahe, dein Gesicht, John, als wärst du dicht neben mir. Noch viel dichter.
JOHN	Weißt du, was es ist, Ann?
ANN	Als hättest du andere Augen und einen anderen Mund.
JOHN	Es ist der Knopf.
ANN	Der Knopf?
JOHN	Es ist das Licht von dem Knopf. Es glänzt, wie ich mir denke, daß Knochen glänzen.
ANN	Weißt du, wie du jetzt aussiehst, John?

Als hättest du Mund und Nase und
Ohren und alles für sich. Als wärst du
Mund und Nase und Augen und Ohren,
aber nicht du, als hielte nichts dich
zusammen. Als wärst du's gar nicht,
John, als wärst du's nie gewesen!

JOHN   Dreh das Licht an, Ann!

Raum in der Fabrik

ANN   June – Susan – Vernon – Gladis –
          Margaret –
ROSIE   Ob Jean heute noch kommt?
ANN   Ich weiß nicht. Vielleicht ist sie krank.
ROSIE   Dann wäre sie sehr krank. Sie konnte es
          ohne den Laden hier in letzter Zeit nicht
          mehr aushalten.
ANN   Ohne Bill.
ROSIE   Bill und die Knöpfe, das ist fast dasselbe.
ANN   Ja, denkst du?
ROSIE   Ich kann es gut verstehen, Ann, weil es
          mir ähnlich geht. Ich sehne mich
          sonntags nach den Knöpfen, so wie ich
          mich nach Jack sehne, wenn er sonntags
          arbeitet. Jack und die Knöpfe –
ANN   Ich möchte nicht sagen: John und die
          Knöpfe.
ROSIE   John ist auch nicht Vertreter hier.
ANN   Nein.
ROSIE   Aber wenn er es wäre?

ANN	Er wirds nie werden.
ROSIE	Weshalb nicht? Er könnte froh sein.
ANN	Lieber wartet er, bis er Arbeit in den Docks findet.
ROSIE	Warte nur, bis du länger hier bist, Ann. Dann brennst du sonntags ebenso nach den Knöpfen wie wir.
ANN	Dazu müßte ich eine Ewigkeit hier sein.
ROSIE	*lacht* Eine Ewigkeit!
ANN	Viertel vor fünf, Rosie. Jetzt kommt Jean nicht mehr.
ROSIE	Ich gehe jetzt, Ann. Ich gehe heute früher weg. Ich wollte – Jack wollte –
ANN	Geh nur!
ROSIE	Bleib du auch nicht zu lange!
ANN	Die Stunde ist bald um.
ROSIE	*schon aus dem Vorhaus* Und hab keine Angst, Ann! *Ihre Schritte entfernen sich*
ANN	June – Susan – Vernon – Gladis – Margaret – June – Susan – *sie wirft die Knöpfe hin* genug. Ich möchte nicht mehr. Ich habe genug davon.
	Eine Tür geht draußen
ANN	Bist du noch es, Rosie?
	Schritte nähern sich
ANN	Ist jemand hier?
BILL	Nur Sie, wenn ich recht sehe.
ANN	Ich bin erschrocken, Bill, ich dachte –
BILL	Eins hängt eng mit dem andern zusammen. Jean nicht da?

ANN	Nein.
BILL	Den ganzen Tag nicht?
ANN	Nein.
BILL	Krank?
ANN	Ich dachte, Sie wüßten –
BILL	Sie denken immer, Ann! Das ist schlimm mit Ihnen. Gibt es denn keinen, der bereit wäre, es Ihnen abzugewöhnen?
ANN	Ich bin froh, daß ich's mir angewöhnt habe.
BILL	Schade. Sonst hätte ich mich erboten –
ANN	Wahrscheinlich ist Jean krank.
BILL	Ja. Sehr wahrscheinlich. *Er pfeift vor sich hin* Hier liegt ein Vernon im Fach von Gladis.
ANN	Ein Vernon?
BILL	Sie müssen besser achtgeben, Ann! Vorgestern abend fehlte derselbe Vernon, und wir mußten den Laden von oben bis unten durchsuchen.
ANN	Hier lag er ja.
BILL	Nicht zuviel denken, wenn Sie zählen, Ann! Ich bin Vertreter, aber was denken Sie, wenn ich beim Erzählen dächte?
ANN	Ich denke gar nichts.
BILL	Darauf wollen wir trinken! *Es schlägt sechs*
ANN	Ich möchte heute nichts trinken, Bill. Ich muß gehen.
BILL	Schade. Es wäre ein Grund gewesen, um

31

zu feiern: einen Augenblick lang dachten
Sie gar nichts.

ANN   Ich gehe jetzt.

BILL   Aber vielleicht holen wir's nach? Vielleicht morgen, Ann?

Im Freien

ANN   Ich war allein mit ihm, John, außer uns
beiden war kein Mensch im Haus, aber
ich habe ihn nicht gefragt. *Nach einer
Pause* Ich wußte nicht, wie ich beginnen
sollte, ich brachte es nicht über die
Lippen. Und ich hatte auch Angst, daß er
mir kündigen würde.

JOHN   Ich wünschte, er hätte es schon.

ANN   Und was soll aus uns werden? Jean sagt
auch, sie hätte deshalb nie gefragt.

JOHN   Wolltest du sie nicht heute besuchen?

ANN   Ich habe mirs überlegt, sie wohnt bei
fremden Leuten und ich weiß die
Hausnummer nicht. Wer weiß, ob es ihr
angenehm wäre? Und dann – ich möchte
nicht auch noch krank werden, ich kann
es mir nicht leisten, immer aus der
trockenen Hitze in den nassen Wind
hinaus. Es liegt auch ganz aus unserer
Richtung.

JOHN   Ich habe heute etwas erfahren, Ann, es
wäre möglich, daß es Arbeit gäbe. Nach

sieben soll ich in die Lagerverwaltung kommen.

ANN Nur um zu hören, daß es wieder nichts gibt. Und du sagst, ich sollte von den Knöpfen weg.

JOHN Ich höre nicht auf, es zu sagen. Jean ist schon krank geworden.

ANN Von diesem elenden Nebel, von der Kälte und von dem Schnee, der keiner ist.

JOHN Von der trockenen Hitze und dem künstlichen Licht.

ANN Vielleicht von beidem, John. Aber wenn ich uns hier sehe, auf diesem schmutzigen Weg und in dem nassen Wind, dann bin ich froh, wenn ich an die trockene Hitze und das künstliche Licht denke. Und daß wenigstens ich – mir fällt eben etwas ein, John! Ich könnte Bill bitten, daß er dich auch nimmt. Ich meine, nicht ich sollte weggehen, sondern du solltest hinkommen, als Packer oder sonst was. Und später könnten wir dann beide weg.

JOHN Warte noch, laß mich noch einmal zur Lagerverwaltung gehen!

ANN Geh nur, aber ich gehe nicht mehr mit, ich möchte nicht mehr auf unsichere Arbeit warten. Bill sagt, unsere Knöpfe sind das einzige, das sich immer halten wird, immer wird es Leute geben, die sie kaufen, selbst wenn alles andere –

JOHN	Selbst wenn alle andern zugrunde gehen sollten. Immer wird es Leute geben, die sich eure lächerlichen Zierknöpfe dorthin nähen, wo sie nicht hingehören, und nicht fragen, was sie bezahlen. Und solche wie dich, die sichs gefallen lassen, daß es hinter den Wänden kracht und täglich später wird.
ANN	Nur bis Jean wieder gesund ist. Bill sagt, sie würden nicht mehr lange zuwarten. Noch drei Tage, und wenn sie bis dahin nicht wiederkommt, müßten sie eine andere nehmen.
JOHN	Noch drei Tage, das gibt eine Woche und einen Wochenlohn –
ANN	Gibt einen Knopf.
JOHN	Keinen Knopf seid ihr ihnen wert, Ann.
ANN	*lacht* Doch, John, einen. Gerade einen!

Raum in der Fabrik

BILL	Tut mir leid, Kinder, aber wenn es so weitergeht, müßt ihr sonntags hierbleiben.
ANN	Sonntags?
BILL	Es hilft nichts. Was hier ist, muß ausgezählt werden. Der Berg muß weg.
ROSIE	Mir macht es weiter nichts aus.
BILL	Aber Ann, nicht wahr? Ann ist nicht ganz einverstanden?
ANN	Ich bleibe schon hier.

34

BILL	Keine Verabredung, Ann?
ANN	*zögernd* Nein.
BILL	Das ist gut so, das macht die Sache für alle leichter.
ROSIE	Ich bin froh, wenn ich sonntags nicht zu Hause sein muß.
BILL	Wir werden alles tun, um euch die Zeit zu vertreiben. Vielleicht gibt es auch einen neuen Knopf.
ROSIE	O ja, darauf freue ich mich! Es wäre der erste, seit ich hier bin.
ANN	Und wenn Jean vor Sonntag noch käme?
BILL	Das würde natürlich alles ändern, aber offen gesagt, ich glaube es nicht. Wer bis Freitag nicht kommt, kommt auch sonntags nicht mehr.

Im Freien

JOHN	Sonntags, Ann?
ANN	Ja. Weil Jean fehlt.
JOHN	Aber wir hatten doch verabredet –
ANN	Ich konnte doch nicht anders, John, wenn alle andern –
JOHN	Alle andern? Rosie.
ANN	Und Bill.
JOHN	Bill, richtig. Weshalb ich den nur immer wieder vergesse.
ANN	Wärst du Vertreter bei uns, du könntest den ganzen Sonntag bei mir bleiben.

JOHN	Wie schade, daß ichs nicht bin.
ANN	Ja, sehr schade.
JOHN	Und auch nicht werden will. Wie traurig, daß ich nicht Vertreter bei euch werden will, um bei dir sein zu können.
ANN	Nimm es nicht zu ernst, John, es ist doch nur ein Sonntag. Und alles nur, weil Jean nicht gekommen ist.
JOHN	Und abends? Ich meine, wie ist es mit heute abend?
ANN	Da wollten wir – sie wollten alle miteinander etwas trinken gehen.
JOHN	Auch nur, weil Jean nicht gekommen ist?
ANN	Laß mich in Frieden, John.

In einem Gasthaus

BILL	Nun sind Sie doch gekommen, Ann.
ANN	Ja.
BILL	Ich freue mich.
ANN	Aber ich bin gekommen, Bill, weil ich dachte, daß alle andern mitkämen.
BILL	Ja? Und ich hoffte fast, Sie wären gekommen, weil Sie dachten, daß nicht alle mitkämen.
ANN	Wir hatten vereinbart –
BILL	Ich hoffe es immer noch, aber wie auch sonst: Sie sind gekommen. Wollen wir darauf trinken?
ANN	Wir wollten heute den neuen Knopf feiern.

BILL	Den neuen Knopf? Der kommt erst Sonntag.
ANN	Dann frage ich mich –
BILL	Heute feiern wir Sie.
ANN	Ich wüßte nicht, weshalb.
BILL	Nicht?
ANN	Ich wüßte nicht, was an mir wert zu feiern wäre.
BILL	Einen neuen Knopf sind Sie mir immer noch wert. Ihr Wohl, Ann!
ANN	Bill –
BILL	Aber Sie trinken nicht.
ANN	*zögernd* Und morgen –
BILL	Feiern wir den neuen Knopf.
ANN	Und später?
BILL	Es wird jetzt immer etwas zu feiern geben.
ANN	Immer? Viele Knöpfe?
BILL	Viele Knöpfe.
ANN	Und viele Male, Ann.
BILL	So viele wie Sie wollen.
ANN	Ich bin froh. Wenn ich mir vorstelle –
BILL	Sie sollen sich jetzt nichts vorstellen.
ANN	Wenn ich mir denke –
BILL	Und auch nichts denken.
ANN	Wenn ich mich erinnere –
BILL	Sie sollen sich nicht erinnern.
ANN	Es wäre mir auch allmählich zuviel geworden, ich war nahe daran –
BILL	Es wird jetzt alles ganz einfach.
ANN	Ich wünschte es. Manchmal möchte ich ganz klein sein, Bill, so klein –

BILL	Daß ich Sie gerade noch in der Hand halten könnte?
ANN	Das möchte ich.
BILL	Ja?
ANN	Aber der Wein ist mir in alle Glieder gegangen.
BILL	Und Sie sind klein, Ann.
ANN	Ich muß gehen.
BILL	Ganz klein, so klein, daß Sie keinen Schritt mehr machen können!

Schritte

JOHN	Ist es so weit?
ANN	John?
JOHN	Feiert ihr hier den neuen Knopf?
BILL	Wir haben ihn noch nicht.
JOHN	Ich möchte ihn gern mitfeiern. Ja, ich hätte ihn so gerne ein einziges Mal in meiner Hand gehalten.
BILL	Zu früh!
JOHN	Wie schade.
ANN	Bleib hier, John!
JOHN	Lieber nicht. Ich bin noch groß genug, um einige Schritte zu machen, Ann. Und das möchte ich ausnützen.

Im Freien

ANN	Und wohin willst du?
JOHN	Wo du nicht hin willst, zu allem, was jetzt etwas aus deinem Weg liegt.

38

Vielleicht zu Jean, nur um zu hören, was ihr fehlt und weshalb es seit acht Tagen niemand der Mühe wert findet, danach zu fragen – ich weiß schon, ich nehme alles viel zu ernst und ihr wolltet hier nur etwas trinken und es prasselt nur ganz wenig in euerm Laden und was kümmert mich das?

ANN　　Du findest keine Arbeit, John. Aber du beunruhigst mich täglich, du fragst mich täglich nach diesem lächerlichen Geräusch im Laden, du verlangst von mir, daß ich zu Jean gehe und mich vielleicht krank mache, und dann auch noch, daß ich mich ausschließe, wenn alle andern etwas trinken wollen. Finde doch endlich eine Arbeit und dann komm wieder und sag mir alles noch einmal. Geh doch an deine Docks und laß deinen Schatten von den Laternen hochziehen, wenn du nichts Besseres weißt, geh doch zu Jean!

JOHN　　Das will ich, Ann, da kannst du sicher sein.

BILL　　Lassen Sie ihn gehen, Ann.

ANN　　Ach, Bill.

BILL　　Es wird jetzt alles ganz einfach.

Raum in der Fabrik

ANN	Und dann sagte er: es wird jetzt alles ganz einfach.
ROSIE	Das sage ich schon lange. Und John?
ANN	Ich weiß es nicht.
ROSIE	Er wird dich heute doch wieder erwarten.
ANN	Aber ich ginge am liebsten nicht hinunter. Wirklich, Rosie, am liebsten bliebe ich die ganze Nacht über hier.
ROSIE	Und hättest keine Angst?
ANN	Ich hätte keine Angst. Ich habe jetzt nur mehr Angst davor, heimzugehen, vor der immerwährenden Kälte und dem Regen da draußen, vor John, der Punkt sechs da unten steht und auf mich wartet.
ROSIE	*lacht* Vielleicht erreichen wirs noch einmal, daß wir auch die Nacht über hierbleiben können.
ANN	Vielleicht.

Im Freien

JOHN	Ich war auch heute wieder bei der Lagerverwaltung, Ann.
ANN	Und?
JOHN	Dasselbe.
ANN	Du hättest dir den Weg sparen können, alle Wege.
JOHN	Das konnte ich vorher nicht wissen.
ANN	Das konntest du wissen, John.
JOHN	Ich spare sie mir bald.

ANN	Es hat lange genug gebraucht. Wolltest du nicht Jean besuchen?
JOHN	Ich wußte nicht einmal ihre Hausnummer, es war auch viel zu spät. Und als ich gestern abend dort herumirrte, wußte ich plötzlich – ich habe mir überlegt, ob es nicht doch besser wäre, wenn ich zu euch käme, Ann, ich könnte Knöpfe verpacken oder Kartons aufladen –
ANN	Endlich, John.
JOHN	Mir wäre alles recht.
ANN	Und du kämst rasch hinein.
JOHN	Ich möchte auch nicht, daß du die ganzen Tage und jetzt auch noch die Abende darinsteckst, während ich –
ANN	Geh gleich hin!
JOHN	Montag. *Zögernd* Es scheint mir viel zu lange. Daß ich nicht schon morgen kommen und dir helfen kann, Ann. Und daß ich dich den ganzen Sonntag über allein lassen soll.
ANN	Den Sonntag, John, den überstehen wir noch.

Raum in der Fabrik

ROSIE	Merkwürdig, sonntags hier zu sein. Findest du nicht, Ann?
ANN	Ja, es ist stiller als sonst.
ROSIE	Aber ich bin froh, daß ich hier bin. So

still wie zu Hause, wenn meine Mutter
sich niederlegt und mein Vater in den
Zoo geht, ist es noch lange nicht.

ANN Ich möchte wissen – *bricht ab*

ROSIE Was hast du?

ANN Horch!

ROSIE Ich höre nichts.

ANN Es waren auch nur Schritte unten auf der
Straße. Ich dachte eben –

ROSIE Was dachtest du?

ANN Ich möchte wissen, ob man es auch heute
hört.

ROSIE Was hört?

ANN Was wir sonst immer hören.

ROSIE Ach Gott, Ann!

ANN Ich möchte wirklich wissen, ob wir es
auch heute hören werden.

ROSIE Ich wüßte nicht, weshalb wirs heute nicht
hören sollten. *Gähnt* Wenn Jack schon
käme.

ANN Es ist erst drei vorüber.

ROSIE Und Bill!

ANN Was meinst du, Rosie?

ROSIE Nichts. Jack sagte nur, er wollte, Bill
wollte –

ANN Was wollte er?

ROSIE Er wollte den neuen Knopf mitbringen.
Und es soll ein hübscher Knopf
geworden sein, tomatenfarbig.

ANN Ja?

ROSIE	Jack sagte, es hätte zuerst so ausgesehen, als ob er erdbeerfarbig würde, aber nun ist er doch tomatenfarbig geworden. Und länglich.
ANN	Ich möchte wissen, woran es liegt, ob ein Knopf erdbeerfarbig oder tomatenfarbig wird.
ROSIE	Jack sagt, das wäre im Grund ganz gleich. Verkaufen ließe er sich so und so.
ANN	*müde* Dann ist ja alles in Ordnung.
ROSIE	Und außerdem, sagt Jack, bliebe er nicht der letzte. Es kämen noch mehr neue Knöpfe nach. Und bald.
ANN	Es wird heiß hier. *Sie öffnet das Fenster*
ANN	Draußen sieht es wieder nach Regen aus.
ROSIE	Sehnsucht nach deinen Docks?
ANN	Laß mich in Frieden.
ROSIE	Ich lasse dich ja.
ANN	*aufmerksam* June – Margaret – Vernon –
ROSIE	Margaret, Vernon, June, es wird auch Zeit, Ann, daß wir neue Knöpfe bekommen. *Das Geräusch hinter der Wand*
ANN	Hörst du es jetzt?
ROSIE	Ja. Und eigentlich klingt es ganz angenehm. Wirklich, heute freue ich mich, daß ich es höre. Es nimmt einem das Gefühl der Verlassenheit. Es macht den Sonntag allen andern Tagen gleich.
ANN	*leise* Es dauert länger als sonst. *Die Tür geht*

43

BILL	Abend, Kinder.
ROSIE	Bill, da seid ihr endlich.
BILL	Schön, euch auch sonntags hier zu haben. Als wären wir schon eine nette große Familie.
ANN	Es war ein langer Tag.
BILL	Wir wollten erst das rechte Licht abwarten. Für unsern neuen Knopf.
ANN	Das rechte Licht!
BILL	Vielmehr die rechte Dunkelheit. Damit ihr das gewisse Leuchten besser seht, die Tomatenfarbe.
ANN	Bei allen andern Dingen wartet man das Licht ab. *Rascher* Und wenn es im Laden schon finster ist, nimmt man sie vor die Tür, um noch den letzten Schimmer darauf zu bekommen.
BILL	Bei allen andern Dingen.
ANN	Um dann auch bei Tag nicht enttäuscht zu sein.
BILL	Sie sind ein kluges Kind, Ann. Aber bei gewissen Dingen ist es nötig, nachts nicht von ihnen enttäuscht zu werden. Und diese Dinge verkaufen sich im allgemeinen besser als alle andern.
JACK	Zierknöpfe zum Beispiel.
BILL	Das lernen Sie noch, Ann!
JACK	Wie dieser hier. – *Er wirft einen Knopf auf den Tisch*
ROSIE	Der neue Knopf!

44

BILL	Wollen wir ihn jetzt feiern? Wir könnten zugleich den Augenblick noch einmal feiern, in dem Sie nichts dachten, Ann. Sie sollten ihn nicht vergessen.
ROSIE	Ist er nicht wunderbar?
BILL	Es war ein großer Augenblick.
ANN	*zögernd* Es ist ein schöner Knopf.
JACK	Ja. Er ist uns gelungen.
BILL	*lacht* Nach großer Mühe!
ANN	Er sieht aus wie –
BILL	Ich würde sagen: er sieht aus wie ein Knopf. Ich habe diesen Vergleich bei Knöpfen immer noch für den besten gehalten.
ANN	Gibt es noch mehr davon?
ROSIE	Ja, habt ihr mehr?
BILL	Ich dächte, daß es von Knöpfen immer viele gibt!
JACK	Und einer wie der andere. *Er wirft eine Handvoll Knöpfe auf den Tisch*
ROSIE	Ann, schau doch, hier!
JACK	Und hier!
BILL	Was sollte man mit einem einzigen?
ROSIE	Schade, daß Jean nicht da ist. Sie wollte es immer so gerne mitfeiern, wenn ein neuer Knopf käme, sie wollte von allem Anfang an mit dabeisein.
BILL	Ja. Sehr schade. Und daß sie auch nicht mehr kommt.
ANN	Jean kommt nicht mehr?

BILL	Nein. Jean kommt nicht mehr. Es ist ihr allem Anschein nach zuviel geworden.
ROSIE	Die Arme. Daß sie auch gerade –
JACK	Wollen wir jetzt trinken? Auf Jean?
ROSIE	Ich dachte, wir trinken auf den neuen Knopf?
BILL	Der Knopf heißt Jean.
ROSIE	Das ist gut, Bill, das würde Jean freuen! So haben wir sie hier bei uns, auch wenn sie gar nicht hier ist!
JACK	Auf Jean!

Im Freien

JOHN	Da bist du, Ann!
ANN	Ja? Bin ich wirklich da, John?
JOHN	So nah und fest, Ann, wie –
ANN	Wie die Knöpfe an deinem Rock.
JOHN	Meinetwegen wie die Knöpfe an meinem Rock. Wie etwas, das immer bei mir bleibt. Und wenn du länger bleiben sollst, so bleibe ich jetzt auch, und wenn du sonntags arbeiten mußt, so arbeite ich mit, und wenn es Nacht werden sollte, von nun ab – was fehlt dir, Ann?
ANN	Mir fehlt nichts.
JOHN	Es war zuviel für dich, die Sorgen, diese Woche, in der es täglich später wurde, und heute noch der Sonntag. Aber jetzt wird alles gut. *Nach einer Pause* Ich

denke heute schon den ganzen Tag
darüber nach, weshalb ich nicht längst bei
euch arbeite, weshalb ich mich so lange
nicht entschlossen habe. Ich kanns nicht
mehr verstehen.

ANN Es war wegen des Geräuschs in unserem
Laden.

JOHN *nachdenklich* Wegen des Geräuschs in
eurem Laden.

ANN Und weil dir manches nicht gefiel.

JOHN Ja, das ist wahr.

ANN Und weil ein neuer Knopf kommen
sollte.

JOHN *lacht* Das ist kein Wunder in einem
Knopfladen, Ann.

ANN *dringend* Und weil Jean nicht mehr kam.

JOHN Laß es genug sein. Ich weiß nicht,
weshalb es mir vor drei Tagen noch so
wichtig schien, sie zu sehen.

ANN Vielleicht, weil heute der neue Knopf
schon da ist. John. Tomatenfarbig.

JOHN Tomatenfarbig?

ANN Und länglich, und wieder wie eine
Frucht, die keine Frucht ist.

JOHN Und deshalb?

ANN Vielleicht auch deshalb, weil er seinen
Namen schon hat.

JOHN Wie soll er heißen?

ANN Jean.

Raum in der Fabrik

ANN Jean, Jean, Jean, Gladis, Vernon – wenn ich euch wärmen könnte, wenn ich euch unter meiner Zunge – *hastig* Jean, Jean –

ROSIE *von unten* Ann!

ANN Ich komme schon.

ROSIE Weshalb schließt du dich ein?

ANN Weil ich heute früher hier war. Und da dachte ich, wenn jemand Fremder käme und die vielen Knöpfe –

ROSIE Bist du auch deshalb früher gekommen, Ann?

ANN Weshalb?

ROSIE Wegen der neuen Knöpfe, um sie bald wiederzusehen. Ich habe die ganze Nacht davon geträumt.

ANN Ja, ich auch.

ROSIE Und was hast du geträumt, Ann? Ich träumte, daß sie ein flaches Feuer wären, mit bestimmten Buchten, und das Feuer wollte immer hochbrennen und über die Buchten hinaus, und es konnte nicht, darüber war ich froh.

ANN Froh?

ROSIE Als ich erwachte, fiel mir ein, daß es jetzt für uns immer Sonntag bleibt. Weil wir die neuen Knöpfe haben.

ANN Was meinst du?

ROSIE Als wären alle andern im Zoo, nur wir

nicht. Wir wären heimlich hier und
ordneten Knöpfe. Und immer ganz
freiwillig, und als wäre es – ja, als wäre es
immer gerade vier vorbei und wir
erwarteten bald Bill und Jack und daß es
finster würde. Und man hört nichts
anderes als ein paar Schritte unten.

ANN   *für sich* Und nichts mehr von der See her.
               Nicht einmal mehr das schwache Läuten
               von der Barackenkirche an den Docks.

ROSIE   Was sagst du, Ann?

ANN   Ich sage: vier vorbei, das ist die Zeit, zu
               der auch sonntags keine Glocken läuten.

ROSIE   *unbekümmert* Und alles, weil wir die
               neuen Knöpfe haben? Aber weshalb hast
               du sie hier zu einem Berg gelegt?

ANN   Weil ich sie anschauen wollte.

ROSIE   Gibst du sie nicht ins Fach? *Als Ann nicht
               antwortet* Wie sie leuchten.

ANN   Ist es nicht schon matter?

ROSIE   Mir reicht es, es ist auch erst acht. *Fast
               jubelnd* Aber ich habe jetzt immer das
               Gefühl, daß es bald finster wird, Ann,
               immer!

ANN   Wieviele zählst du?

ROSIE   Sechsunddreißig. Bis morgen sind es
               mehr, Ann. Und übermorgen –

ANN   Bill sagt es.

ROSIE   Und von den ältesten gibt es die meisten.

ANN   Ja.

49

ROSIE	Gladis zum Beispiel.
ANN	*zögernd* Ich stelle mir Gladis immer in einem grünen Kleid vor, wie sie vielleicht an einem Sommerabend an einer Brücke lehnt.
ROSIE	Ich stelle sie mir an einem grünen Kleid vor, und an vielen andern. Jack sagt, von Gladis gäbe es so viele, daß er selbst nicht mehr sagen könnte, wohin sie sie alle verkauft hätten. Aber sie wären schon über die ganze Welt verstreut.
ANN	Es macht mir Angst.
ROSIE	Was?
ANN	Daß es so viele von Gladis gibt und daß sie über die ganze Welt verstreut sind. Daß man, selbst wenn man wollte, Gladis nie mehr sammeln, daß man nie mehr alle von Gladis vereinigen könnte zu einem grünen Berg –
ROSIE	Das finde ich herrlich, Ann. Daß ein Knopf überall zugleich ist. Daß sich vielleicht gerade eine Frau mit Gladis über ein Schiffsgeländer neigt und in die See schaut und eine andere fährt mit ihr im Lift hoch und eine dritte wirft ihr Kleid mit Gladis vielleicht gerade über eine Sessellehne in einem finstern Zimmer.
ANN	Hör auf.
ROSIE	Warum?

ANN	*verzweifelt* Weil ichs nicht hören kann. Weil es mir Angst macht, daß jemand an so vielen Orten ist und niemals mehr an einem, weil keiner mehr die Arme um sie legen und sagen könnte: Gladis! Sie wärs nicht.
ROSIE	Wer wär's nicht?
ANN	Gladis, sie selbst. Sie wird nie mehr an einer Brücke lehnen und sich darüberbeugen, so wie Jean.
ROSIE	Jean?
ANN	Ja, wie Jean nie mehr an diesem Fenster lehnen und hinunterschauen wird, wenn wir sie nicht noch einmal sammeln und erwärmen und rufen –
ROSIE	Natürlich wird Jean nie mehr an diesem Fenster lehnen. Weil sie nicht mehr kommt.
ANN	Jean wird auch sonst an keinem Fenster lehnen.
ROSIE	Weshalb nicht?
ANN	Weil sie nicht mehr da ist.
ROSIE	*lacht* Nicht mehr da!
ANN	Nein, nicht mehr da, nicht hier und auch nicht unten auf der Straße. Wenn du jetzt Schritte hörst, so sind sie nicht von Jean.
ROSIE	Weil sie nicht hier vorbeigeht.
ANN	Und wenn du draußen von den Gleisen die Züge pfeifen hörst, so kannst du sicher sein: Jean ist in keinem. Sie steigt

	jetzt nirgends aus und streift ihr Haar zurück, sie geht durch keine Sperre.
ROSIE	Das ist meine geringste Sorge, wo Jean jetzt ist.
ANN	Sie ist auch nicht auf irgendeinem von den Booten, die draußen liegen oder abgefahren sind, und es gibt keinen Lift, in dem sie eben hochfährt, und kein Zimmer, selbst wenn es noch so dunkel wäre, in dem sie eben ist!
ROSIE	*spöttisch* Sie muß ertrunken sein!
ANN	Und keinen Grund in keiner See!
ROSIE	Laß mich in Frieden, Ann, ich wills nicht wissen.
ANN	Aber vielleicht wird sich sehr bald jemand mit Jean über ein Schiffsgeländer beugen und jemand fährt mit ihr im Lift hoch und jemand wird in einem dunklen Zimmer sein Kleid mit Jean über die Sessellehne werfen. Wenn es erst genug gibt!
ROSIE	Was willst du, Ann?
ANN	Daß wir sie sammeln.
ROSIE	Sammeln?
ANN	Und in unseren Händen wärmen, ehe sie verstreut sind.
ROSIE	Und wozu?
ANN	Vielleicht, daß dann der Berg hier, der so leuchtet, wie Tomaten nie leuchten würden, verschwindet und Jean wieder am Fenster lehnt.

ROSIE	*lacht* Wie du redest, Ann.
ANN	Hilf mir! Heute sind es noch wenig.
ROSIE	*lauernd* Und morgen?
ANN	Wenn es genug von Jean gibt, gibt es Jean nicht mehr.
ROSIE	Und wenn du noch lange nachdenkst, gibt es dich nicht mehr, nicht hier, du wirst entlassen. Aber es ist die Hitze, die Hitze hier ist dir zu Kopf gestiegen, geh hinunter! *Als Ann zögert* Ich würde auch nicht warten.
ANN	Nur bis Mittag.

Im Freien

JOHN	Bring Jean nach Hause, Ann!
ANN	Jean?
JOHN	Was es von ihr gibt.
ANN	Das kann ich nicht.
JOHN	Du mußt nur warten, bis die andern alle gegangen sind, noch länger.
ANN	Wenn es entdeckt wird, werde ich entlassen, John, oder viel Ärgeres. Und du wirst nie mehr angestellt.
JOHN	Du mußt es tun, Ann, solange es so wenig sind, daß du sie alle nehmen kannst.
ANN	Wenn ich gesehen werde?
JOHN	Niemand sieht dich.
ANN	Und wenn wir sie dann haben und es uns nicht gelingt?

JOHN	Dann nimmst du morgen früh die Knöpfe wieder in den Laden zurück. Hab keine Angst!

Raum in der Fabrik. Eine Uhr schlägt viermal

ANN	Vier Uhr.
ROSIE	Schon vier!
ANN	Mir schleicht die Zeit.
ROSIE	Mir fliegt sie, ich bin den ganzen Tag so froh. Wenn ich nur daran danke, daß es bei uns anläuft, wenn die andern schließen, daß wir bleiben, wenn die andern entlassen werden. Daß wir die neuen Knöpfe haben, wenn alle andern den Betrieb einstellen. Und solche Knöpfe!
ANN	Wir hätten keine, wenn wir nicht solche hätten.
ROSIE	Und erst wenn ich sie anschaue, Ann: dann ist acht Uhr so nah von zwölf und zwölf so nah von vier und vier so nahe von sechs! Und alle Fächer mit allen Namen sind so nah, als hätte ich ein großes Fernglas vor oder als käme mitten im Zimmer Regen.
ANN	Ich wollte, es käme Regen. Aber es kommt keiner, es kommt nur etwas, das wie Regen klingt, wenn mans nicht lange genug hört.

	Schritte auf den Stiegen
ROSIE	Da kommt Jack! Und Bill.
ANN	Wenn mans lange genug hört, klingt es wie Feuer.
	Die Tür
JACK	Hier sind wir.
ROSIE	Jack!
BILL	Und stören euch wieder.
ROSIE	Mich stört ihr nicht.
BILL	Nur Ann.
ROSIE	Sie sagte eben –
BILL	Soviel ich hörte, war von Feuer die Rede.
ROSIE	Sie sagte –
ANN	Ich sagte: wie die Knöpfe leuchten.
BILL	Ja, es ist ihre Zeit. Aber ihr solltet sie nicht so offen liegen lassen. Ihr könntet nicht dafür aufkommen, wenn etwas daran geschähe.
ANN	*gleichgültig* Wir wollten sie gerade ins Fach geben.
BILL	Das ist jetzt nicht mehr nötig, ich nehme sie gleich mit.
ANN	Gleich jetzt?
BILL	Setzt es Sie in Erstaunen? Diese Knöpfe sind lange schon bestellt. Zitterten jetzt nicht eben Ihre Hände?
ANN	O nein.
BILL	Aber die Füße, Ann. Ich sah es deutlich.
ANN	Nur weil ich lange nicht darauf gestanden bin.

55

ROSIE	Schade, daß ihr uns jetzt die neuen Knöpfe schon wieder wegnehmt, sie waren so hübsch anzuschauen!
BILL	Es wird bald so viele davon geben, daß ihr genug habt.
ANN	Das glaube ich auch.
BILL	Was glauben Sie, Ann?
ANN	Daß wir bald genug davon haben.
ROSIE	Ann sagte vorhin –
ANN	Ich sage gar nichts.
BILL	*darüber hinweg* Mißmutig heute, Ann?
ANN	Mir liegt der Sonntag noch in den Gliedern.
BILL	Sie sollten einmal richtig schlafen!
ANN	Hier sind die Knöpfe.
BILL	Lang schlafen, viel schlafen, immerfort schlafen, Ann!
ROSIE	Das sage ich schon lange.
BILL	Liegen und schlafen und Ihr Köpfchen schonen.
ANN	Ja, vielleicht.
BILL	Und beim Erwachen etwas mehr an Ihr Vergnügen denken als an alle andern Dinge!
ANN	Ja.
BILL	Folgen Sie mir, Ann! Sie sind noch jung, und später ist keine Zeit mehr.
ANN	Nein. Ich weiß.
BILL	Es wäre gut, wenn Sies für länger wüßten. Dann ginge ich jetzt beruhigter

	und überließe Sie die beiden letzten Stunden wieder sich selbst.
ANN	Sie können ruhig gehen.
ROSIE	Aber die Knöpfe, Bill! Wollten Sie nicht die Knöpfe mitnehmen?
BILL	Ganz recht.
JACK	Rosie denkt auch an alles.
BILL	Was Ann vergißt, nicht wahr? Auf morgen, Kinder!
ANN	Bill!
BILL	Ja?
ANN	Ich wollte Sie noch bitten, ob ich nicht – ob es nicht möglich wäre, daß ich heute früher gehe?
BILL	Nicht gerne, Ann. Sie wissen –
ANN	Ich fühle mich nicht gut.
BILL	Sie wissen, wie nötig Sie gerade jetzt hier sind. Und wieviele an Ihrer Stelle froh wären, hier nötig zu sein.
ANN	Es ist nur heute.
BILL	Das hoffe ich.
ANN	Ganz sicher!
BILL	Es sähe auch sonst so aus, als wollten Sie auf diese Weise den verlorenen Sonntag wieder einholen, Ann.
ANN	Ja, ich weiß. Aber Sie sagten selber, daß ich schlafen sollte.
BILL	Dann schlafen Sie! Aber nicht länger als bis morgen früh.
	Die Tür geht

ANN	Ich gehe dann jetzt auch.
ROSIE	Schlaf gut!
ANN	Das will ich.
ROSIE	Und auf morgen, Ann!
	Die Tür
ROSIE	Gut, daß du hier bist, Jack.
JACK	Und daß wir ganz allein sind.
ROSIE	So froh war ich noch nie, als ich dich kommen hörte.
JACK	*im Scherz* Noch nie?
ROSIE	Nie, Jack.
JACK	Ist etwas anders heute?
ROSIE	Nichts. Es war nur – es kam ganz plötzlich. Ann hat mir Angst gemacht. Sie sagte – aber es ist alles Unsinn, es ist auch schon vorbei. Mir ist wieder ganz wohl, wie immer.
JACK	Das ist gut, wenn dir wohl ist. Und Ann? *Ungeduldig* Was sagte Ann?
ROSIE	*beginnt zu lachen* Weißt du, was sie sagte? Nein, es ist eigentlich – sie sprach von Jean.
JACK	Von Jean?
ROSIE	Sie sagte, daß wir Jean sammeln sollten, ehe sie verstreut wird. Daß wir die Knöpfe sammeln und in unseren Händen wärmen sollten, solange wir es können. Und dann – *sie stockt*
JACK	Was hat sie dann gesagt?
ROSIE	Sie sagte – *jetzt fremd, als sagte sie ein*

Gedicht auf – Vielleicht, daß dann der Berg hier, der so leuchtet, wie Tomaten nie leuchten würden, verschwindet und Jean wieder am Fenster lehnt.

JACK So. Das sagte sie?

ROSIE Ja.

JACK Und deshalb war ihr wohl auch nicht gut?

ROSIE Vielleicht und vielleicht sagte sie es auch, weil ihr nicht gut war. Weißt du, was ich denke: die Hitze ist ihr zuviel geworden.

JACK Sicher.

ROSIE Und was denkst du?

JACK Ich denke: Wie gut, daß sie dir nicht zuviel geworden ist, die Hitze, Rosie!

ROSIE Mir wird sie nie zuviel.

JACK *zärtlich* Ja, das ist gut.
Das Geräusch hinter der Wand

Im Freien

JOHN Ich dachte, du kommst nicht mehr, Ann.

ANN Das dachte ich selbst auch.

JOHN In Gedanken hörte ich dich eben wieder reden.

ANN Und wahrscheinlich sprach ich von dem Geräusch im Laden.

JOHN Ja.

ANN Ich werde jetzt nie mehr davon sprechen, John.

JOHN	Was hast du?
ANN	Nichts.
JOHN	Die Knöpfe?
ANN	Ich habe sie nicht. Aber es war nicht meine Schuld. Ich hatte mir alles schon zurechtgelegt, und dann kam Bill.
JOHN	Und?
ANN	Hat sie mitgenommen. Es war kurz nach vier. Ich nahm mir frei und ging hinter ihm her. War das nicht eben Bill da drüben?
JOHN	Nein, du siehst schon Geister.
ANN	Wir wollen etwas trinken, John!
JOHN	Komm hier herein.

Gastwirtschaft am Hafen

ANN	Ich wußte gleich, daß es nicht gut geht, schon zu Mittag und den ganzen Nachmittag lang. Und als ich Bill auf der Treppe hörte und als ich ihm nachging. Obwohl ich ihn vor mir sah in seinem grauen Mantel und der Mütze, war es mir doch bei jedem Schritt, als ginge er hinter mir. Selbst als er in dem Laden verschwunden war.
JOHN	In welchem Laden?
ANN	Schmuck und Knöpfe. Bill sagt, sie leben nur von uns, sie hätten längst schließen müssen, wenn wir nicht wären.

JOHN	Das sagt Bill von allen Läden.
ANN	Aber sie verkaufen dort im großen, John, und das war meine Hoffnung, ich dachte, daß sechsunddreißig Knöpfe noch zu wenig sind, um sie gleich im großen weiterzugeben.
JOHN	Und dann?
ANN	Ich sah Bill wieder herauskommen und ging ihm ein Stück nach. Er fuhr in der Richtung zur Fabrik zurück. Ich wartete noch eine Weile, dann ging ich in den Laden.

Im Laden

ANN	Guten Abend.
VERKÄUFER	Abend, Fräulein.
ANN	Ich komme wegen der Knöpfe.
VERKÄUFER	Die wir eben bekommen haben?
ANN	Ja, es waren sechsunddreißig.
VERKÄUFER	Ganz recht. *Nach einer Pause* Wir warteten schon lange darauf.
ANN	Ich soll sie holen.
VERKÄUFER	Holen?
ANN	Sie sind nicht so wie sonst.
VERKÄUFER	Noch schöner als die letzten.
ANN	Nein, sie sind nicht in Ordnung.
VERKÄUFER	Was sollte daran nicht in Ordnung sein?
ANN	Es ist der Glanz.
VERKÄUFER	Soviel ich sah –

ANN	*verzweifelt, rasch* Sie können es jetzt nicht sehen. Aber sie hören bei Tag zu glänzen auf, sie werden matt in der Sonne.
VERKÄUFER	Das sollen sie doch, Fräulein.
ANN	Sie glänzen nur noch nachts.
VERKÄUFER	Das ist es, weshalb sie gekauft werden. Keiner von Ihren Knöpfen glänzt bei Tag.
ANN	Der sollte es.
VERKÄUFER	Dann bliebe er liegen, dann hätten wir bei weitem nicht so viele Bestellungen. Nicht auf diesen und auch nicht auf die neuen.
ANN	Auf die neuen?
VERKÄUFER	Wollen Sie es ausrichten? Es gibt schon wieder eine Menge Bestellungen darauf.
ANN	Ja.
VERKÄUFER	Unter den alten Bedingungen.
ANN	Natürlich.
VERKÄUFER	Wissen Sie vielleicht, wann es endlich soweit ist? Die Namen kenne ich noch nicht. Aber wann wir sie haben können? Sie arbeiten doch in dem Laden.
ANN	Das dürfen Sie mich nicht fragen.
VERKÄUFER	Wenn Sie es dann nur ausrichten wollen? Wir warten.
ANN	*erwacht* Ich richte alles aus, geben Sie mir nur diese jetzt zurück. Nur Jean!
VERKÄUFER	Es tut mir leid, Fräulein, aber selbst, wenn ich es wollte, könnte ichs nicht mehr. Auf Jean lagen schon so viele

	Bestellungen hier, daß wir sie gleich
	weitergegeben haben, gerade, bevor Sie
	kamen –
ANN	Weitergegeben?
VERKÄUFER	Ja. An einen kleinen Laden.

Raum wie vorher

JOHN	An welchen Laden, Ann?
ANN	Er nannte ihn mir. Es war irgendwo weit
	draußen und ich mußte fahren, wir waren
	nie in dieser Gegend, John. In der
	Untergrundbahn sah ich die Leute an, ich
	dachte immer, jemand trüge Jean schon
	an seinem Mantel. Aber ich sah nur
	einmal Gladis, an einem Mädchen auf der
	Rolltreppe, als ich umstieg. Sie funkelte,
	als wäre sie allein auf der Welt. Ich bekam
	wieder Angst, ich hatte immer noch das
	Gefühl, Bill wäre hinter mir, ich werde es
	mein ganzes Leben haben.
JOHN	Trink und erwärm dich, Ann!
ANN	Es war kurz nach fünf, als ich den Laden
	fand. Die Büros hatten eben geschlossen,
	und es waren eine Menge Leute auf der
	Straße – eine von diesen Vorstadtstraßen
	mit vielen kleineren Läden links und
	rechts, ich habe den Namen vergessen.
	Das Schaufenster war nur schwach
	erleuchtet, aber die Leute drängten sich

davor. Ich sah über ihre Schulter. Dann
sah ich Jean.

JOHN Jean?

ANN Ja. Das heißt: zwölf von Jean. Sie lagen
auf einem Samtkissen zwischen Kissen
mit billigerem Schmuck, Ringen mit
falschen Steinen und vergoldeten Arm-
bändern. Aber sie sahen abgesondert von
allem andern aus, und jeder wieder so
abgesondert von dem nächsten wie zwölf
Leute in einem Flugzeug, das gleich
abstürzen wird. Nicht mehr wie eins, wie
jemand, den man rufen oder ansprechen
könnte. Sie glänzten nur, und alle, die vor
dem Schaufenster standen, sahen sie an.
Ich mußte daran denken, daß Jean sich
immer gewünscht hatte, von vielen
gesehen zu werden. Ich sah sie auch an,
John, ich dachte, daß sie mich erkennen
müßte, aber die Knöpfe wechselten die
Farbe nicht, sie glänzten deshalb nicht
stärker. Eine Frau vor mir fragte eine
andere, ob der Preis, der oben ange-
schrieben war, für alle Knöpfe sei oder
für einen. Ich mischte mich hinein und
sagte, für einen. Ich hoffte, es wäre ihr zu
teuer, aber sie ging gleich hinein.

JOHN Und du?

ANN Ich wartete noch einen Augenblick. Die
Leute vor mir begannen zu gehen, und

neue kamen nach. Ich wurde abgedrängt, und als ich wieder vor dem Fenster stand, sah ich gerade noch, wie der Vorhang gegen den Laden schwankte. Das Kissen mit Jean war verschwunden.

JOHN   Erzähl zu Ende, Ann.

ANN   Es war ein kleiner, ganz gewöhnlicher Laden. Ich weiß noch, daß ich mich, als ich eintrat, wunderte, daß unsere Knöpfe auch hier verkauft wurden, aber Bill hatte ja gesagt, sie gingen überall. Eine Frau schob sich an mir vorbei auf die Straße. Die mich vorhin gefragt hatte, stand vor einem Spiegel und hielt Jean gegen ihren Mantel. Sie drehte sich, und sooft sie ins Dunkel kam, glänzte der Knopf stärker. Das gefiel ihr, John, ich sah es. Ein junger Mann stand daneben und lachte, es waren noch mehrere Leute im Laden. Ich drängte mich zu dem Verkäufer vor und sagte, die Knöpfe dürften nicht weiter verkauft werden, ich sagte dasselbe, was ich dem ersten gesagt hatte.

JOHN   Und er sagte dasselbe, was der erste gesagt hatte?

ANN   Ja, es sei unmöglich, die Knöpfe wären schon verkauft, drei davon, und vor einem Augenblick – ich wartete nicht ab, was er noch sagte. Ich dachte sofort an die Frau, die an mir vorbei hinausgegangen war, und rannte aus dem Laden. Ich sah sie noch, sie ging ein Stück weiter unten gegen die Autobushaltestelle zu. Ich lief ihr nach, John, und ich hätte sie erreicht, wenn mich nicht plötzlich jemand an meinem Mantel festgehalten hätte.

Auf der Straße

BILL	Ann?
ANN	Bill –
BILL	Ich dachte, Sie schliefen.
ANN	Ich wollte, ich schliefe und hätte alles geträumt.
BILL	Vor allem mich vermutlich.
ANN	Lassen Sie mich gehen!
BILL	Ich lasse Sie schon eine ganze Weile und gehe einfach hinter Ihnen her.
ANN	Das dachte ich.
BILL	Und ich wollte, ich träumte, daß Sie sich unter gewissen Vorwänden früher frei-nehmen, um Dingen nachzugehen –
ANN	Lassen Sie mich jetzt!
BILL	Sie wissen, daß es mich ein Wort kostet und Sie sind entlassen.
ANN	Das weiß ich.
BILL	Dann verstehe ich Sie nicht.
ANN	Tun Sie, was Sie wollen!
BILL	Sie wissen auch, was das für Sie bedeutet, Ann? Daß die Betriebe schließen und die

Docks leerliegen, daß heute kein Laden
jemanden neu einstellt. Sie finden heute
keine neue Stelle. Sie können alt werden,
eh' Sie –

ANN   Lassen Sie mich alt werden, Bill.

BILL   Und John?

ANN   Aus Ihrem Spiel.

BILL   Soviel ich läuten hörte, wollte er zu uns.

ANN   Sie hören nichts läuten, Bill. Sie hören
nur ab und zu, was hinter den
Ladenwänden kracht. Das klingt nicht
wie von Glocken.

BILL   Bei uns hätten Sie Arbeit, Ann. Und
keine schwere. Sie kommen um halb
neun und gehen um halb sechs. Sie sind
eingearbeitet und alles ist Ihnen vertraut.
Und am Wochenende bekommen Sie Ihr
Gehalt. Sie sind geborgen.

ANN   Ich weiß, zuletzt in Fächern.

BILL   Bei uns wären Sie sicher, Ann!

ANN   Weil ich Ihnen sicher wäre. Wie Jean.

BILL   Wenn Sie jetzt gehen, gehen Sie für
immer.

ANN   *schon aus der Ferne* Ich gehe, Bill!

Raum wie vorhin

ANN   Ich begann dann gleich wieder zu laufen,
ich rannte hinter der Frau mit Jean her,
aber Bill hatte mich zu lange aufgehalten,
ich sah sie nicht mehr und es wurde auch

67

schon finster. Ich lief in der Richtung, in die sie gegangen war. Dann sah ich sie vor mir. Sie blieb an der Straßenbahnhaltestelle stehen, und ich wollte auch stehenbleiben, aber in demselben Augenblick sah ich eine andere in eine Seitengasse einbiegen. Ich lief ihr nach, die war es. Oder doch die andere?

JOHN   Wußtest du denn nicht –

ANN   Ich hatte sie nur flüchtig angeschaut, ich wußte es nicht. Aber als ich durch diese finstere, verlassene Gasse rannte, sie war nur kurz und endete schon bald in Bauplätzen und Feldern, als ich da lief, an armseligen, schnell aufgebauten Häusern und an der Planke eines Fußballplatzes vorbei, und immer hinter dieser fremden Frau her, da dachte ich, ob es nicht besser wäre, zu Bill zurückzugehen. Ihn hätte ich gefunden.

JOHN   Und die Frau?

ANN   Ich war jetzt dicht hinter ihr, und außer uns beiden war kein Mensch da. Hinter dem Fußballplatz schimmerten noch einige verstreute Lichter, sie mußten von Siedlungshäusern sein. In eins von ihnen würde sie hineingehen, wenn ich nicht – ich bin gleich zu Ende, John.

JOHN   Hast du sie angesprochen?

ANN   Nein. Aber als ich ganz dicht hinter ihr

	war, drehte sie sich plötzlich um und sah mich an. Sie sah sehr ängstlich aus.
JOHN	Und hast du sie gefragt?
ANN	Sie war es nicht, John. Vielleicht war es die andere, die an der Haltestelle, vielleicht auch eine dritte, die ich gar nicht sah, vielleicht waren es viele, die Jean schon gekauft hatten. Und eine von ihnen fährt jetzt gerade mit dem Zug nach Süden, und eine andere hat ihren Platz auf einem von den Booten belegt, und die dritte –
JOHN	Sei ruhig, Ann.
ANN	Es war umsonst, wir finden Jean nicht mehr. *Nach einer Pause* Wär ich ihr nur nicht nachgelaufen, dann hätte ich doch diese Woche noch meine Arbeit. Und nächste Woche –
JOHN	Gäbe es vielleicht schon die himbeerfarbigen Knöpfe, die in der Auswahl fehlen und die die Farbe nicht wechseln, wenn man sie ansieht.
ANN	Was wissen wir, John?
JOHN	Das dachten die andern sicher auch zu Beginn, Gladis und Susan –
ANN	Sie sind nicht aus den Knöpfen wieder hervorgesprungen!
JOHN	Jean.
ANN	Ich weiß nicht, was Jean denkt, nicht einmal, wo sie her ist. Aber vielleicht

sitzt sie gerade in ihrem Heimatort beim Tee oder sie geht spazieren? Vielleicht ist alles zum Lachen.

JOHN   Ja, vielleicht. Man müßte es nur glauben können.

ANN   Ich glaub es jetzt beinahe, ich bin müde. Ich hätte gern noch etwas zu trinken, John.

BILL   Wenn ich Sie einladen dürfte?

ANN   Das wußte ich. Ich wußte, daß Sie noch immer hinter mir her sind, Bill!

BILL   Wenn es auch nur wäre, um Abschied zu feiern.

ANN   Der Abschied lohnt nicht.

JOHN   Und Bill ist nicht hinter dir her. Es war ein Zufall, daß er hier hereinkam.

BILL   Ganz recht!

JOHN   Und er wird sich von uns nicht stören lassen.

BILL   Ich ließe mich durchaus von Ihnen stören.

ANN   *ängstlich* Wir wollen gehen.

BILL   Schade. Ich ließe mich sonst auch von Ihnen einladen, John. Bei Ihren Aussichten!

JOHN   Die sind nicht so, daß es in meiner Macht läge, Sie einzuladen. Mein Glück.

BILL   Es war mein Ernst. Ja, ich möchte sagen: es war etwas mehr als mein Ernst.

JOHN   Es ist immer etwas mehr als Ihr Ernst.

	Das ist es, was mich vom ersten Augenblick an mißtrauisch machte.
BILL	Um es genauer zu sagen: ich trage Ihre Aussichten in meiner Tasche.
JOHN	Das klingt nicht gut, die Aussichten sind mir zu finster.
BILL	Ich möchte fast behaupten, daß die Aussichten am Hafen noch finsterer sind. Soviel ich hörte –
JOHN	Lassen Sie doch den Hafen meine Sorge sein, Bill, und Ihre Tasche die Ihre.
ANN	Bleib, warte, John!
BILL	Ich habe Ihren Vertrag bei mir.
ANN	Sieh ihn dir an!
JOHN	Lassen Sie sehen, Bill! Das muß dieselbe Tasche sein, in die Sie Ihre Knöpfe packen.
BILL	Es ist ein Vertrag, der drei Gläser Whisky leicht wert wäre.
JOHN	Ich habe ein weiches Herz, mir täte der Whisky leid.
BILL	Sie wollten als Packer zu uns kommen, John. Nun ist eine Vertreterstelle frei geworden.
JOHN	Das wundert mich, das muß ein Zufall sein!
BILL	Mit steigendem Gehalt.
JOHN	Sind Sie entlassen, Bill?
BILL	Das ist nicht nötig.
JOHN	Oder wachsen Ihnen die Knöpfe über

	den Kopf? Werden es immer mehr? Das muß es sein, Bill, daran liegts, es gibt zu viele Knöpfe auf der Welt. Und eines Tages wird es mehr Knöpfe geben als Röcke, um sie daranzunähen.
BILL	Kommen Sie zu uns, John!
JOHN	Nein, ich fürchte diesen Augenblick zu sehr. Ich fürchte, daß ich dann noch schneller entlassen bin, als Sie mich jetzt rufen.
BILL	Darüber müssen Sie sich keine Sorgen machen, Sie werden nicht entlassen. Unsere Knöpfe werden immer verlangt.
JOHN	Und dann noch eins, Bill: Ich habe Ann lieber an meinem Arm als in der Tasche.
BILL	Zum Teufel mit Ihnen!
JOHN	Ich fürchte, der Teufel steht nicht gerne Schlange an der Lagerverwaltung.
ANN	Ich möchte gehen, John.
JOHN	*schon von der Tür her* Dem sind die Docks zu leer.

Im Freien

ANN	Wie es jetzt regnet.
JOHN	Nur Regen, Ann, nichts, was wie Hagel klingt.
ANN	Ich fürchte mich auch nicht mehr.
JOHN	Oder wie das Prasseln von Flammen.
ANN	Und morgen?

JOHN	Ich gehe morgen wieder zur Lagerver- waltung.
ANN	Diese finstern Docks, John.
JOHN	Aber der Wind hat gedreht, er kommt jetzt von der See her.
ANN	Es sieht nach einer klaren Nacht aus.

Jedem von uns dringen täglich viele
Worte ans Ohr, Fragen, Antworten, Teile
fremder und eigener Gespräche. Den
Stimmen eines Tages nachzugehen, sie zu
erforschen, unter ihnen zu wählen oder
sie zusammenzufassen und einzuschmel-
zen, sie von Geräuschen zu reinigen,
habe ich hier versucht.

Die Fragen seiner Köchin und seiner
Pfarrkinder, der Wind, die Vogelrufe, die
er hörte, seine eigenen Reden über den
Zaun, geben sich am Abend eines
Sommertages einem alten Pfarrer zu
erkennen, in ihrem Anspruch und ihrer
Trauer, zusammengeschmolzen zu zwei
Kinderstimmen, die ihm die Geister der
Gegend wachrufen, die der Nachbarn
und der in der Nähe beerdigten fremden
Flieger, verdeckter Ängste, vergessener
Schreie, die Geister der Lebendigen und
Toten.

Besuch im Pfarrhaus

Personen

PFARRER

ERSTES KIND

ZWEITES KIND

LISBETH

BOOTSVERLEIHERIN

HAUPTMANN

SOLDAT

DAME

ERSTER FLIEGER

ZWEITER FLIEGER

DRITTER FLIEGER

VIERTER FLIEGER

FRAU KORINKE

HOLGER

»Jochträger, Jochträger,
sag' der Sture Mure,
die Rauhrinde sei tot.«

ADALBERT STIFTER
›KATZENSILBER‹

Im Zimmer

PFARRER	Nun? Wie war der Sonntag? *Als er keine Antwort bekommt* Denn so ein Tag ist lang für junge Gäste, Verwandte aus der Stadt oder dergleichen –
ERSTES KIND	*kichert* Dergleichen!
PFARRER	Und in sehr vielen Pfarrhäusern ist es seit langem üblich, abends zu erzählen. Darum erzählt, ihr Kinder, was habt ihr getan?
ERSTES KIND	Von früh an?
ZWEITES KIND	Weißt dus noch?
ERSTES KIND	Wir standen auf und schlichen rasch hinunter.
ZWEITES KIND	Auf Socken. Und schlüpften in die Schuhe erst im Garten.
ERSTES KIND	Und pflanzten dem Pfarrer eine Hecke ums Haus.
PFARRER	*überrascht* Mir? Ach ja, ich erinnere mich. Aber das war sehr früh.
ERSTES KIND	*ohne sich beirren zu lassen* Da trat der Pfarrer heraus. *Vögel, Geräusche des Morgens im Garten*
PFARRER	Was wollt ihr, Kinder, und so früh am Morgen?
ERSTES KIND	Wir haben Ihnen ein Halsband ums Haus gelegt.
PFARRER	*lacht* Das soll mir wohl die Bienenstöcke vor den Wölfen schützen?

79

ERSTES KIND	Das solls!
PFARRER	Aber ein schöner Morgen, wie Wasser. Ich habe mir heute meine Kanone schon hell gerieben.
ZWEITES KIND	*lebhaft* Das Mündungsfeuer!
PFARRER	Wollt ihr Kaffee?
ERSTES KIND	Wir sollten auch noch zur Frau Bootsver-leiherin.
PFARRER	Aber auf eine Tasse?
ERSTES KIND	Auf eine Tasse, ja.
PFARRER	Kommt jetzt herein! *Das Scharren der Schuhe auf dem Eisen vor der Tür*

Im Zimmer

ZWEITES KIND	Beim Herrn Pfarrer ist es immer, als ob eingeheizt wäre.
ERSTES KIND	Der weiße Ofen!
PFARRER	Ihr dürft ihn anrühren, er ist kalt wie Schnee.
ZWEITES KIND	Und glatt.
PFARRER	Lisbeth! *lauter* Lisbeth!
LISBETH	Herr Pfarrer?
PFARRER	Kaffee für die jungen Herrschaften.
LISBETH	Kaffee. *Sie schließt wieder die Tür*
PFARRER	*zögernd* Ich habe euch gerufen, weil ich Angst habe.
ZWEITES KIND	Angst?
PFARRER	Davor, daß unsere Sonne schwarz wird. Ich habe ein Buch gefunden, da steht es

darin. *Nach einem Augenblick* Ich habe öfter Angst.

ERSTES KIND   *ruhig* Wo ist es?

ZWEITES KIND   Ein altes Buch?

PFARRER   *zerstreut* Alt? Ja, ein altes Buch, hier ist es. *Blättern* Und hier steht das von der Sonne.

ERSTES KIND   *lacht* Wer hätte das gedacht?

PFARRER   Gestern sah ich drei alte Schwestern auf der Straße streiten und konnte sie nicht trennen. Da hätte ich mirs denken können.

ZWEITES KIND   Und heute?

PFARRER   Heute morgen fiel mir das Buch in die Hände, durch Zufall. So wie man manchmal einen Band von der Stellage nimmt, mit Sonetten. Oder mit den schwedischen Sagen.

ERSTES KIND   Ja, die sind gut.

PFARRER   Aber heute fand ich keine Sagen. Nur diesen Band, er war nach hinten gefallen, und ich nahm mir nicht einmal die Zeit, den Staub von seinem Rücken zu blasen. Ich schlug ihn auf, da stand es gleich vor meinen Augen, weit oben links –

ERSTES KIND   *wie einen Kehrreim* Daß unsere Sonne schwarz wird!

ZWEITES KIND   Einmal!

PFARRER   Für allemal. Ich las es, und mir begannen die Knie zu zittern.

ZWEITES KIND	Armer Herr Pfarrer!
PFARRER	Die Pelargonien bewegten ihre Blätter im Morgenwind, so weiß ich es für immer. *Er schlägt die Hände vors Gesicht* Ich weiß es jetzt für immer.
ERSTES KIND	*aufmerksam* Die Pelargonien bewegten ihre Blätter im Morgenwind.
PFARRER	Ich ging dann rasch meine Kanone putzen. Kein Wolf im Wäldchen. Ich dachte, vielleicht ist es gut, daß Pfarrer Bienen haben und kleine ungeladene Kanonen links vom Haus.
ZWEITES KIND	Mit ihrem Mündungsfeuer!
LISBETH	*kommt herein* Hier ist der Kaffee.
PFARRER	Dann trinkt ihn, Kinder.
ZWEITES KIND	*essend* Und der Herr Pfarrer meint, wenn dann die Sonne schwarz wird, so leuchten doch die Bienen vom Herrn Pfarrer?
PFARRER	Vielleicht. Und die Kanone.
ZWEITES KIND	Der Fluß rauscht dann nur mehr, der Wald wächst zu, aber dem Pfarrer seine Bienen leuchten.
PFARRER	Schmeckt euch der Kuchen?
ZWEITES KIND	Ja.
ERSTES KIND	Wir müssen auch noch zur Frau Bootsverleiherin.
PFARRER	Zu meiner alten Freundin.
ZWEITES KIND	Sie hat ein Krokodil gesehen, es war grün. Sie will es fangen und in ihren Garten breiten für den Herbst.

PFARRER	Manchmal glaube ich, sie denkt weiter voraus als ich.
ERSTES KIND	Ja, sie denkt weit.
ZWEITES KIND	Aber es soll Geheimnis bleiben.
PFARRER	Ich kenne meine Nachbarin.
ERSTES KIND	Es ist auch noch nicht sicher, ob es ein Krokodil war, das sie gesehen hat, sie schwimmen selten hier im Norden.
PFARRER	Natürlich.
ZWEITES KIND	Aber schön wäre es.
ERSTES KIND	Du plauderst alles aus.
ZWEITES KIND	Und du?
ERSTES KIND	Ich vielleicht nicht?
PFARRER	*stöhnend* Die schwarze Sonne!
ERSTES KIND	Herr Pfarrer?
PFARRER	Ja?
ERSTES KIND	Wenn es mehr Wölfe gäbe?
PFARRER	Das darf ich mir nicht wünschen.
ZWEITES KIND	*eifrig* Wäre es kein Trost? Wenn sie über die Flüsse kämen? Alle Gedanken an die Sonne vergingen schnell. Man müßte Hecken und Drähte richten und in den fernen Höfen die Bauern aufbieten.
ERSTES KIND	Wär es kein Trost, Herr Pfarrer?
ZWEITES KIND	Sensen und Sicheln!
ERSTES KIND	Und in den Sträuchern grüne Augen.
ZWEITES KIND	Die Frau Bootsverleiherin sagt, grün ist gut für die Augen.
PFARRER	Ich weiß nicht, liebe Kinder. Ich weiß es nicht.

LISBETH	*von draußen* Herr Pfarrer, Ihre Bienen!
PFARRER	Ja, ich komme.
LISBETH	Sie schwärmen.
PFARRER	Ja, ich komme.
ZWEITES KIND	Wie hell der Sand ist, den der Herr Pfarrer über seine Dielen gestreut hat. Wie auf frische Tinte. *Das letzte schon leiser*
	Geräusche des Sommermorgens, die plötzlich abbrechen Im Zimmer
ERSTES KIND	Soweit.
ZWEITES KIND	Wir haben dem Herrn Pfarrer die Hecke um die Bienenstöcke gelegt.
ERSTES KIND	Wir haben beim Herrn Pfarrer Kaffee getrunken.
PFARRER	Genug von mir.
ZWEITES KIND	Sollen wir dem Herrn Pfarrer die Wölfe schicken?
PFARRER	Vielleicht.
ERSTES KIND	Damit das Helle wieder golden wird?
PFARRER	Vielleicht.
ZWEITES KIND	Der helle Sand, von den Wolfsfüßen beschmutzt.
ERSTES KIND	Aber der Herr Pfarrer meint, er dürfte sichs nicht wünschen.
PFARRER	*schweigt*
ERSTES KIND	Der Herr Pfarrer meint, es wäre nicht zugelassen.

84

ZWEITES KIND	Armer Herr Pfarrer!
ERSTES KIND	*lacht* Mit seiner schwarzen Sonne.
PFARRER	Erzählt nur weiter. Was habt ihr noch getan?
ZWEITES KIND	Über die Wiese, die niemandem gehört –
ERSTES KIND	Wir sind dann über die große Wiese zur Bootsverleiherin gegangen.
ZWEITES KIND	Wir hatten ihrs versprochen.
ERSTES KIND	Wir haben ihr die Zäune in einen stumpfen Winkel gerückt und die Bosketten danach gerichtet.
ZWEITES KIND	Wir haben ihr die Fensterrahmen mit Kreide bestrichen.
ERSTES KIND	Und den Pflock am Fluß.
ZWEITES KIND	Wir haben ihr die Boote gefaltet –
ERSTES KIND	Die blauen und die weißen.
ZWEITES KIND	Sie stand auch schon am Steg.

Wieder im Freien

BOOTSVERLEIHERIN	Da seid ihr, Kinder! Es ist spät am Morgen.
ERSTES KIND	Wir haben beim Herrn Pfarrer Kaffee getrunken.
ZWEITES KIND	Und ihm eine Hecke um die Bienenstöcke gepflanzt.
ERSTES KIND	Orange, wenn sie erst blüht.
BOOTSVERLEIHERIN	Ja, das ist hübsch.
ERSTES KIND	Er hat auch schon ein Buch gelesen.
ZWEITES KIND	Von einer schwarzen Sonne.

BOOTSVERLEIHERIN	Mein armer Freund. *Zerstreut* Ich habe auch gelesen, ich schlief so schlecht.
ERSTES KIND	Das Krokodil?
BOOTSVERLEIHERIN	Ich sahs um fünf. Noch vor dem Wald, dort wo der Fluß die Biegung macht. Es hob den Kopf über das nasse Gras. Die Buchenwipfel rauschten über ihm, die Halme sprühten.
ZWEITES KIND	Und dann?
BOOTSVERLEIHERIN	Verschwand es wieder. Der Phlox sprang auf vor Schreck. Ich schlief gleich weiter.
ERSTES KIND	Was sollen wir jetzt tun?
BOOTSVERLEIHERIN	Ich wollte bitten, daß ihr mir hier eine Bank ans Ufer stellt, noch vor die Mauer, damit ich besser danach ausschauen kann. *Nach einem Augenblick* Ich las gerade wieder, daß grün zu allen Zeiten gut war für die Augen. So will ich dann, wenns nicht mehr Juni ist, die Büsche weit von mir, wenn ich am Fenster lehne, die Wiesen gelb – ich will mir dann das Krokodil hier auf den Rasen legen und still betrachten, als etwas Seltenes in unserm hohen Norden *entfernter* und meinem Himmel danken.

Im Zimmer

ERSTES KIND	Die Bank war schnell nach vorn getragen.
ZWEITES KIND	Weiß und geschwungen.
ERSTES KIND	Und der Oberteil höher als der untere.

86

ZWEITES KIND	Die Frau Bootsverleiherin hat sich gleich daraufgesetzt.
	Im Freien
BOOTSVERLEIHERIN	*seufzend* Da sitzt sichs gut, Kinder, der Blick ist grade recht. Wenn ich mir jetzt die Blüten hinterm Fluß betrachte –
ERSTES KIND	Was blüht denn dort?
ZWEITES KIND	Es ist der Löwenzahn.
BOOTSVERLEIHERIN	Dann sage ich mir: Es ist doch gut, daß wir auf einer Kugel leben.
ZWEITES KIND	*das über die Wiesen schaut* Die Bienen vom Herrn Pfarrer schwärmen.
BOOTSVERLEIHERIN	Das tun sie, ja.
ERSTES KIND	Sollen wir jetzt das Fernglas holen?
BOOTSVERLEIHERIN	Ja, holt es. Und vergeßt nicht, meine Zäune zu richten, und die Bosketten –
KINDER	Nein, nein!
BOOTSVERLEIHERIN	Und meine Fenster und den Pflock am Fluß –
KINDER	*schon von weiter* Nein, nein!
BOOTSVERLEIHERIN	Und mir die Boote dann zu falten, das blaue und das weiße –
KINDER	Nein.
BOOTSVERLEIHERIN	Es wird ein heißer Tag. *Für sich* Mein Krokodil träumt vielleicht noch bei der Biegung am Wäldchen und springt im Schlaf nach Hasen. Fast glaube ich, es müßte unser hoher Norden den Krokodilen angenehmer sein mit seinen Buchen-

blättern. Das Wasser perlt, wenn sie springen und fließt an ihnen ab. Die Flüsse haben hier ganz andere Namen und manchmal fällt ein Tannenzapfen von oben rasch herunter. So ist es. *Sie lehnt sich aufatmend zurück* Der Sand hat grüne Schatten und trägt sie weiter, der Kies ist rundgeschliffen. *Aufgeregt* Da war es wieder, da wars!

ERSTES KIND *leicht außer Atem* Hier ist das Fernglas, Frau Bootsverleiherin.

BOOTSVERLEIHERIN Jetzt noch die Boote!

ZWEITES KIND Die sind rasch gerichtet.

ERSTES KIND So.

ZWEITES KIND Und so.

Man hört etwas wie das Brechen von Holz

BOOTSVERLEIHERIN Gut!

ERSTES KIND Wie sie schaukeln.

ZWEITES KIND Dürfen wir dann ein Stück hinunterfahren?

BOOTSVERLEIHERIN Aber gebt acht und weckt mir niemanden. *Ungeduldiger* Ja, nehmt es nur, das blaue. Vorsicht, der Pflock!

Im Zimmer

ERSTES KIND *aufatmend* So wars.

BOOTSVERLEIHERIN *noch aus dem Freien* Und gute Reise!

ZWEITES KIND	So fuhren wir davon.
ERSTES KIND	Das Krokodil lag auf dem Grund und schlief.
ZWEITES KIND	Es war schön darüber hinzufahren, ganz glatt.
ERSTES KIND	So wie ich mir den Michigansee vorstelle.
PFARRER	Welchen See?
ERSTES KIND	Den Michigansee.
PFARRER	Ja, jetzt verstand ichs.
ERSTES KIND	Aber von weither gesehen.
PFARRER	Ich habe es verstanden.
ZWEITES KIND	So fuhren wir hinab.
ERSTES KIND	Bis zu dem Denkmal, das auf der Lichtung steht.
ZWEITES KIND	Von dem Soldaten, der sein Hemd verkehrt anhatte.
ERSTES KIND	Dort ist sonst gar nichts weiter, wenig Menschen.
ZWEITES KIND	Nur die alte Fahrstraße führt am Rand vorbei.
ERSTES KIND	Wir machten unser Boot fest.
ZWEITES KIND	Wir erreichten sie bald.
PFARRER	*belustigt* Und wie war das mit dem Solda- ten, der sein Hemd verkehrt anhatte?

Wind, Brandung, Möwengeschrei

HAUPTMANN	*scharf* Wie wars?
SOLDAT	Ich erwachte um fünf, Herr Hauptmann. Die Früh war schneidend hell. *Gelächter*

SOLDAT	*leise, hastig* Ich stieg rasch auf den Leuchtturm und sah von oben die Weiden unten liegen und Tauchstationen –
HAUPTMANN	Die See?
SOLDAT	War ruhig, Herr Hauptmann. Schafe zur Rechten und Linken, Festungstrümmer, von Spinnweb überzogen –
HAUPTMANN	Die kriegen wir auch noch.
SOLDAT	Eine Dame stand auf der Heide und fotografierte den Morgen. Ich rief sie an und fragte sie, was sie daran fände.
DAME	*von unten* Die Raben, mein Lieber! Die Raben auf den Fellen und in den Sträuchern!
HAUPTMANN	Mein Fernglas!
DAME	*ängstlich* All der Glanz.
HAUPTMANN	*lachend* Verkehrt herum!
SOLDAT	Das ist wahr mit den Raben. Aus der Ferne von der frischgebauten Straße winkten zwei Kinder.
ZWEITES KIND	*flüsternd* Das waren wir!
HAUPTMANN	Wie weit?
SOLDAT	Zwei Meilen ungefähr, die Jahre weiß ich nicht.
ZWEITES KIND	*lauter* Es können gut achtundzwanzig gewesen sein.
HAUPTMANN	*streng* Das war zu Beginn welchen Krieges?
SOLDAT	Des vierten?

HAUPTMANN	Nein, des fünften.
ERSTES KIND	Wir wollten bloß ein Stück mitfahren.
HAUPTMANN	Im Krieg?
ERSTES KIND	Keine Ahnung davon.
ZWEITES KIND	Es war zwei Tage, ehe er begann!
DAME	*versunken* Ein strahlender Tag.
HAUPTMANN	Das sind fast immer strahlende Tage.
SOLDAT	*ungeduldig* Ich hatte keinen Wagen. So lief ich durch die Dünen und begab mich aufs Wasser.
HAUPTMANN	Sie schienens eilig zu haben.
SOLDAT	Die Zeit vergeht so langsam, Herr Hauptmann, ehe man füsiliert wird.
ERSTES KIND	*lacht leise*
DAME	*verträumt* Wußten Sies denn schon?
HAUPTMANN	Hatten Sie denn überhaupt schon gemerkt, daß Sie Ihr Hemd verkehrt – die frühe Morgenstunde und die Möglichkeiten der Auslegung: Tarnung, Desertion?
SOLDAT	Die See war glatt wie sonst nie. Schatten nur auf dem Festland, die Tore der ungebauten Städte mit den Vögeln darauf, Wächter- und Schmiedehäuser und viele Töchter, alle aus den Liedern, die Chöre aus den ungebauten Kirchen. Und dann das Schlagen der Schatten, das weiß niemand, wie die Schatten schlagen.
HAUPTMANN	Schluß jetzt damit, Schluß, Schluß! *Eine Salve*

Im Zimmer

ZWEITES KIND	Aber wo tote Helden sind, bleibt es nicht leicht bei einem.
PFARRER	*mit heiserer Stimme* Weiter!
ERSTES KIND	Nicht viel weiter davon hörten wir wieder Stimmen.
PFARRER	Und wem gehörten sie?
ZWEITES KIND	Den Fliegern, die vom Himmel fielen.
ERSTES KIND	Wieder eine Lichtung und das Brausen der Sträucher ringsherum.
ZWEITES KIND	Und unsere Schritte, ehe wir uns still verhielten.
ERSTES KIND	Horch!

Wind in den Sträuchern, wieder Vögel

ERSTER FLIEGER	*etwas aus der Ferne, aber deutlich* Mein Soldbuch schwamm davon, eh sie mich zu der hellen Kirche trugen.
ZWEITER FLIEGER	Das meine riß im Sturz.
DRITTER FLIEGER	Und meins verbrannte, die verkohlten Reste fielen in ein stilles Land, zwei Frauen versuchten, sie auf eine Mauer zu breiten, da kam ein Sturm auf.
ERSTES KIND	*ruft* Da drüben, wißt ihr noch, wie ihr heißt?
ERSTER FLIEGER	Wir?
ZWEITER FLIEGER	Nicht genau.
DRITTER FLIEGER	Der Himmel kennt uns.

VIERTER FLIEGER	*mißmutig* Mein Soldbuch blieb bei mir, ich heiße Samuel Webson, meine Verwandten brachten mir Gladiolen und einmal Frühlingsblüten, sie liefen rasch zum Steinmetz, bestellten ihre Inschrift –
ERSTER FLIEGER	Mein Soldbuch fraß ein Hai.
ZWEITER FLIEGER	Das meine zerrieb sich an der Luft.
DRITTER FLIEGER	Und meines fiel als Asche in die Mauerritzen.
ERSTER FLIEGER	Der Himmel kennt uns.
VIERTER FLIEGER	Aber ich? Ich bin der Enkel Samuel Webson, geliebt, betrauert wegen seines heiteren Wesens, seiner vielversprechenden Begabung, die Tröstung, die dahinschwand, aller Ehren wert und selbst der Austernschalen, die meine Tante während ihres Badeaufenthalts am Strande fand, und der leeren Häuser der Seeschnecken, ich bin das alles wert.
ERSTER FLIEGER	Ich wurde an die Westküste getrieben an einem warmen Tag.
ZWEITER FLIEGER	Dasselbe.
DRITTER FLIEGER	Ja.
VIERTER FLIEGER	Ich auch. Aber ich bin geboren an einem 4. Januar in einem Haus, halbsonnig und landeinwärts, außerhalb der Stadt, *spricht sich in Eifer* auf einer Anhöhe über dem Churnet und an einem Zweige des Trent-Mersey-Kanals, nicht weit liegt die Abtei Dieulacresse, ich weiß die Meilen, und

	wenn ich auch nicht weiß, wer meine Stadt zur Stadt ernannte und wann –
ERSTER FLIEGER	Du weißt es nicht?
VIERTER FLIEGER	Ich weiß es nicht.
ZWEITER FLIEGER	Ein Schimmer Hoffnung, Webson, daß dich der Himmel kennt.
DRITTER FLIEGER	Darauf!
ERSTER FLIEGER	Ihr Kinder, trinkt mit uns!
ERSTES KIND	*lacht* Wir Kinder.
VIERTER FLIEGER	*versunken* Die Stadt liegt leicht nordwestlich.
ZWEITER FLIEGER	Verschütte nichts.
VIERTER FLIEGER	Und meine Mutter sagte, es war ein kalter Nachmittag, als ich zur Welt kam, das Mädchen hatte Ausgang, ja, es war schlecht geheizt. Mein Zeichen ist der Steinbock.
ERSTER FLIEGER	Vergiß es, Webson!
VIERTER FLIEGER	Das Mädchen hatte Ausgang. – Aber wenn die Sträuße auf meinem Hügel welk sind, kommt der Pfarrer und legt sie an die Kirchhofsmauer. Er kehrt dann wieder um, macht sich Bewegung und liest die Sprüche auf den Steinen noch einmal.
ERSTER FLIEGER	Der Himmel kennt ihn.
ZWEITER FLIEGER	Dasselbe.
DRITTER FLIEGER	Auch bei mir.
VIERTER FLIEGER	Doch hier liegt Samuel Webson, wie ich sagte: geboren, angetrieben und betrau-

	ert. Ein Flecken Erde auf einem fremden Feld muß England für ihn sein.
ZWEITES KIND	*klatscht in die Hände* Den kennen wir!
ERSTES KIND	Das ist ein guter Spruch.
VIERTER FLIEGER	Nur von dem Himmel, der mich kennen sollte, steht nichts darin.
ERSTER FLIEGER	Höre Webson!
ZWEITER FLIEGER	*summt* Höre, mein Kindlein, ich will dir erzählen –
DRITTER FLIEGER	*heiter* Vom Sand, der aufflog, als der Sturm noch leicht war. Und das grüne Moos!
VIERTER FLIEGER	Erzähle nichts. Sag, was du sagen willst!
ERSTER FLIEGER	Daß wir die Hügel noch heute tauschen, Webson.
ERSTES KIND	Noch rasch.
ZWEITES KIND	Ehe der Pfarrer die Sprüche wieder liest.
VIERTER FLIEGER	Wer?
ERSTER FLIEGER	Du und ich.
VIERTER FLIEGER	Und dann? Weshalb?
ERSTER FLIEGER	Ist Webson endlich, was er wollte: mit uns unter dem Himmel, ein Fremder unter einem fremden Stein.
VIERTER FLIEGER	*lacht* Aber meine Tante?
ERSTER FLIEGER	Bringt ihre Kränze einem, über dessen heiteres Wesen nichts bekannt ist, dessen Begabung vielleicht nichts verhieß –
VIERTER FLIEGER	*hastig* Nein, nichts!
ERSTER FLIEGER	Und den ihr nichts vertraut macht.
VIERTER FLIEGER	*nach einem Augenblick* Mein lieber

	Bruder, und wenn du Schaden littest? Wenn dich der Himmel nicht mehr kennte, weil du unter Websons Stein liegst?
ERSTER FLIEGER	Das glaube ich nicht, nein.
ZWEITER FLIEGER	Aber wir wollen, damit die Last des Namens und auch der Gladiolen sich leichter teilt, alle sieben Jahre unsere Gräber wechseln.
DRITTER FLIEGER	*gemächlich* Dann kann auch Webson ruhig einmal in Websons Grube liegen, Gott kennt ihn doch.
VIERTER FLIEGER	Meine lieben Brüder?

Rauschen im Gras

ERSTER FLIEGER	Kommt Sturm?
ZWEITER FLIEGER	Es kommt in dreiundvierzig Jahren Sturm.
DRITTER FLIEGER	Wir wollen auf unser fremdes Feld zurück.
VIERTER FLIEGER	Ja, meine lieben Brüder.

Im Zimmer

ERSTES KIND	*seufzend* So wars.
ZWEITES KIND	Wir liefen, als die Lichtung frei war, davon, durchquerten rasch das Wäldchen und kamen dann zu Frau Korinke, die bei den Feldern wohnt.

ERSTES KIND	Frau Korinke saß vor ihrem Haus und strickte an der Westsee.
ZWEITES KIND	*eifrig* Der Schatten des Baumes fiel grün über sie.
ERSTES KIND	Von weitem die Turmschatten.
ZWEITES KIND	Sie hatte ihre doppelte Brille auf und strickte die Westsee olivenfarbig mit einem schwarzen Rand. Die Spatzen lärmten über ihrem Kopf.

Lärmen der Spatzen, Wind im Baum

ERSTES KIND	*noch aus dem Zimmer* Dann kam Holger geritten, der im Zorn seinen Kameraden erschlug. Er band sein Pferd am Zaun fest und sprang darüber.
FRAU KORINKE	*ruhig* Da bist du, Holger.
HOLGER	Ja, hier bin ich. Ist es erlaubt?
FRAU KORINKE	Leg dich nur nieder, hier ins Gras, und störe mir die See nicht. Sie ist glatt gestrickt und soll über die Kanzel.
HOLGER	*lacht*
FRAU KORINKE	Von Rechts wegen heißt es Westsee.
HOLGER	Ich weiß.
FRAU KORINKE	Und ist auch richtiger so.
HOLGER	*seufzt*
FRAU KORINKE	Oder nicht?
HOLGER	Doch, doch. Es ist richtiger. *Das Klappern der Stricknadeln* Sie wird hübsch, Ihre See!

FRAU KORINKE	Das sagst du oft.
HOLGER	Nein, sie wird immer hübscher: die wahre Farbe und der wahre Name und keine Bucht mit grobem nassem Sand, wo Wasser hingehört. Kein Schritt, der sich verliert, so leicht verliert. *Er stöhnt*
FRAU KORINKE	Erzähle, wie es kam.
HOLGER	*heftig* Da ist nichts zu erzählen. Ich erschlug ihn, so kams.
FRAU KORINKE	War es nicht Montag?
HOLGER	Montag.
FRAU KORINKE	Und der Weg zum Unterricht noch weit?
HOLGER	Der Weg war weit.
FRAU KORINKE	Und Wind vom Land her?
HOLGER	Ja.
FRAU KORINKE	Und wovon die Rede?
HOLGER	Vom Mut.
FRAU KORINKE	Ach ja, vom Mut.
FRAU KORINKE	*als sagte sie ein Gedicht auf* Der Mut ist ein zweifarbiges Tuch, der Mut ist gefaltet über die Dächer und dreht sich nach dem Wind –
HOLGER	Nein, nicht!
FRAU KORINKE	Warum nicht?
HOLGER	Bei Ihnen wird alles zu Tüchern.
FRAU KORINKE	*in Gedanken* Man könnte Bekassinen daraufsticken, dunkelrot, auch zwei oder drei Wolken.
HOLGER	Ja, was man alles kann.
FRAU KORINKE	Aber mir sind die Mutlosen lieber.

HOLGER	*angeekelt* Mit den grauen Gesichtern? Die Augen Löcher unter Wasser und leer, die Fische schwimmen aus und ein, auch ganze Schwärme! Schon bei Lebzeiten.
FRAU KORINKE	Die die wahre Tapferkeit haben, Schatten über den Dächern. Die keine Höhlen bauen und die bei allen Stürmen als erste liegen bleiben.
HOLGER	Wenn Sie so einen bei den Füßen packen und zerren ihn hinter sich her, so schlägt sein Kopf hart auf, er springt über die Steine, als wär er fröhlich.
FRAU KORINKE	Ja. Aber das gibt kein Tuch und nicht einmal ein Netz, das ist zu fein gewebt. Die Falben, die an den Straßen weiden, habens manchmal um die Köpfe, aber unsereins kann da nichts sehen. Auch Bekassinen wären da noch ein grobes Muster. Viel zu grob.
HOLGER	Gut, daß die Nordsee eine Decke gibt.
FRAU KORINKE	Die Westsee.
HOLGER	Wenn ich den Kopf darunter legen könnte?
FRAU KORINKE	Nicht. Sie verhakt sich leicht.
HOLGER	*zornig* Ihre Westsee!
FRAU KORINKE	Erzähl zu Ende, Holger.
HOLGER	Zu Anfang möcht ich gerne erzählen, und sonst nirgendshin. Da wo die Leute mit den weißen Schuhen auf der Terrasse sitzen und die bunten Segel durch das gedrehte Gitter sehen.

99

FRAU KORINKE	Das ist nicht deine Sache. Zu Anfang erzählt der andere.
HOLGER	Er war nicht mein Freund. Er hatte viel Vorliebe für Kapitänsgräber, für Hummeln im Jasmin und für die Zahl der Kinder, auch für Namen: Erdmuthe und Erdbine und Othea, Gondeline. Und Senta, die eine Amme war und mit zwanzig Jahren starb. Für Kommandeursgräber und für Schlittenhölzer, unter denen die Hühner durchliefen, und alles unbenützt, die Gräser alt und still. Nein, er war nicht mein Freund.
FRAU KORINKE	Das schadet ihm nichts mehr.
HOLGER	Aber mir. Was soll ich damit? Namen und Gräber, offene Türen im Frühsommer. Jetzt bleibt alles auf mir, Bretterböden und die Lieder vom himmlischen Reich. Als damals der Unterricht wieder begann, war ich fröhlich. Ich hatte noch den Fetzen Blau über mir, unter dem ich ihn begrub.
FRAU KORINKE	Aber wie kam es, Holger?
HOLGER	Das sage ich auch.
FRAU KORINKE	*seufzt*
HOLGER	*fast übermütig* Kam es mit dem Montag oder mit dem März? Mit den Strandnelken, die noch nicht blühten oder mit den kurzen Gräsern, die schon heraußen waren? Mit den letzten Dächern, die

außer Sicht rückten, oder mit den Wolken, die so gut in Sicht waren wie das Ende von allem? Ja, wie kam es? Ach Gott, wie kams? Soviel sage ich und mehr kann ich nicht sagen. Wer sind die zwei dort drüben?

FRAU KORINKE Kinder.

HOLGER He, ihr, wo seid ihr her?

ERSTES KIND *mit den Händen vor dem Mund, trompetend* Aus dem alten Dänemark.

HOLGER Weit gelaufen.

ERSTES KIND Es ist näher als du denkst. Und er ist aus Paris.

ZWEITES KIND Aber geboren in Amsterdam. Mit dem Zigeunerwagen durch Flandern gefahren.

HOLGER Hört auf!

ERSTES KIND Wir haben gar nicht begonnen.

HOLGER Habt ihr meinen Kameraden gesehen?

ERSTES KIND Ich glaube, ich sah ihn.

ERSTES KIND Wo?

ZWEITES KIND Im Juli.

HOLGER Das ist ein schlechter Monat. Sagte er etwas von Wiederkommen?

ZWEITES KIND Nein.

HOLGER Was dann?

ZWEITES KIND Er lehnte an der Kirchenmauer und erwartete die Führung.

FRAU KORINKE *aufmerksam* Ist es nicht Juli?

ERSTES KIND Ja.

FRAU KORINKE Da will ich gleich zur Kirche hinüber-

	schauen. Gebt mir solange auf die Westsee acht.
HOLGER	Ja, ja.
FRAU KORINKE	*gleichsam kopfschüttelnd, aus der Ferne* Das alte Dänemark!
HOLGER	Da geht sie. *Als ihm niemand antwortet* Mit ihren Schlüsseln.

Im Zimmer

ERSTES KIND	Da ging sie.
ZWEITES KIND	Mit ihren Schlüsseln.
PFARRER	Und ihr?
ERSTES KIND	Ach, nicht mehr viel.
PFARRER	Habt ihr dann noch gewartet?
ZWEITES KIND	Nicht lange. Sie kam nicht wieder.
PFARRER	Und Holger?
ZWEITES KIND	Spielte mit dem Strickzeug, er sagte nichts mehr.
ERSTES KIND	So verließen wir ihn.
ZWEITES KIND	Nacheinander streifte uns noch das Zirpen der Grillen –
ERSTES KIND	Geblätter alter Zeitungen, Fischgeruch über dem Hafer, Hochsommerwind, so heißt es doch?
ZWEITES KIND	Die Sonne aus der Laube.
PFARRER	Was sagte sie?
ZWEITES KIND	Die Sonne?
PFARRER	*ungeduldig* Ja!
ERSTES KIND	Sie sagte –

ZWEITES KIND	Sagte – *kichert*
ERSTES KIND	Die Sonne sagte
ZWEITES KIND	*mit verstellter, tieferer Stimme* Carstensen hat mich gefahren.
ERSTES KIND	Genauso.
PFARRER	*verändert* Aber seid gerecht!
ZWEITES KIND	Der Blick war golden und von tiefem Grün umrahmt.
PFARRER	War er nicht mehr?
ERSTES KIND	Mehr?
ZWEITES KIND	Nein.
ERSTES KIND	Es gab noch Handarbeiten zu kaufen, gestickte Lesezeichen, Pantoffel, Dünen aus Stroh und täuschend ähnlich –
ZWEITES KIND	Und soviel Schlittenholz, Kufen und Schwingen, die hatte einer im Kamin versteckt, der morgens fortging, ein Ältester –
ERSTES KIND	Und niemand fand es, weil es niemand brauchte.
ZWEITES KIND	Nur einmal kam ein Storch und roch dazu und trieb wieder davon.
PFARRER	Die Mütze? Ich meine: die Mütze von demjenigen?
ERSTES KIND	Sie hing und fand sich.
PFARRER	Der Rock?
ZWEITES KIND	Verging im Gras unter der halben Eiche, die trieb noch.
ERSTES KIND	Er sah Westindien.
PFARRER	Aber der Querbalken?

ZWEITES KIND	Kanzelholz, er blieb.
ERSTES KIND	*ermüdet* Wir sahen wenig.
PFARRER	Die goldene Schrift über dem Nachmittag?
ERSTES KIND	Sahen wir nicht.
PFARRER	Wo alles steht, Namen und Sprüche in die Steine gemeißelt?
ZWEITES KIND	Sahen wir nicht.
ERSTES KIND	Das ist zu schwer, wir hören es immer noch von Holnis rauschen.
ZWEITES KIND	Jubel und Scheunen, die Geburten, die folgten.
ERSTES KIND	Und Tode im Schlick.
ZWEITES KIND	Die Pfarrer, Kapitäne, Pfarrersfrauen, mit den Schränken über die Hügel gesiedelt und jeder einzeln auf ihren Rücken bei der Mittagssonne, das Wehen in den Sträuchern.
ERSTES KIND	Nein, Carstensen hat mich gefahren.
ZWEITES KIND	*etwas abwesend* Du liebe Sonne.
PFARRER	Genug, kommt jetzt zum Abend!
ZWEITES KIND	Zum Abend?
ERSTES KIND	Da trafen wir Sie wieder, Herr Pfarrer.
PFARRER	Richtig!
ZWEITES KIND	Unten auf dem Strandweg, mit einer Dame.
PFARRER	Das ist dieselbe, die schon lange Jahre die Gemeindesammlung leitet, trotz vielen Mühen.
ERSTES KIND	Die Köchin war auch dabei.

Im Freien

LISBETH	*etwas aus der Ferne und dann näher, als kämen sie redend einen Weg herauf* Aber das Wetter ist unbeständig, Herr Pfarrer, es bleibt nicht.
PFARRER	Wir müssen uns begnügen.
DAME	*eifrig* Und was erwarten Sie, meine Liebe? Die Kirschen sind gut herausgekommen, der Heugeruch ist unverkennbar, wir werden alle Hände voll zu tun bekommen!
PFARRER	*gemächlich, erzählend* Ich hatte einmal alle Hände voll zu tun, als ich – und das die ganze Nordküste entlang – die Krebse, die auf dem Sande zu ersticken drohten, wieder ins Wasser warf. Erinnern Sie sich, Lisbeth, ich verspätete mich damals?
LISBETH	Ich erinnere mich.
PFARRER	Und kam befriedigt heim.
DAME	Und das ist schließlich doch das Wichtigste.
ZWEITES KIND	*lacht* Nein, die Gesundheit.
ERSTES KIND	Herr Pfarrer!
PFARRER	Ja?
ERSTES KIND	Sie vergaßen damals einen auf dem Sand!
ZWEITES KIND	Nur einen einzigen.
ERSTES KIND	Aber es war der König.
PFARRER	Das bedaure ich.

ZWEITES KIND	Wir kamen nach und warfen ihn hinein.
PFARRER	Sehr freundlich.
ERSTES KIND	So daß am nächsten Morgen alle zugleich erstickten.
ZWEITES KIND	Ein Heer!
ERSTES KIND	Und ausgesandt gegen die reine Luft.
DAME	Erhabenes Bild!
ZWEITES KIND	Es flatterten die Fahnen.
ERSTES KIND	Nur: sie hatten keine.
PFARRER	Ja, ja, ihr Kinder.
DAME	*wieder eifrig und etwas atemlos gegen den Wind* Aber die Entdeckung der Schönheit? Die Maserung der Panzer, Schatten der Strandgewächse auf dem Sand, Windschatten, Windspuren vom Hafer, die feinen, leichten und im Kreis gedreht? Morgenaufgänge? Wie das?
PFARRER	Wie das?
DAME	Ich sahs vom Postamt. Beim Schreiben meiner Briefe, und oft mit einem Blick. Es gibt viele, die mirs bezeugen können, wenn sie auch eben nicht hier sind.
LISBETH	Herr Pfarrer!
PFARRER	Ja?
LISBETH	Es wird jetzt Zeit zur Nacht.
ERSTES KIND	*traurig* Und auch für uns.
ZWEITES KIND	Aber die Krebse haben Ihnen einen Orden verliehen, Herr Pfarrer!
ERSTES KIND	Aus Luft.

ZWEITES KIND	Für den geretteten Tag.
PFARRER	Ich hätte mirs nicht träumen lassen. Nicht wahr Lisbeth?
LISBETH	*immer ruhig* Nein, Herr Pfarrer.
PFARRER	Jetzt Achtung auf den Weg, es ist noch naß hier.
LISBETH	*schon entfernter* Man rutscht leicht ab.

Im Zimmer

PFARRER	Und ihr?
ERSTES KIND	Wir?
PFARRER	Euch fragte ich.
ERSTES KIND	Nur noch die Sandmännchen.
ZWEITES KIND	Mit dünnen Gerten auf den nassen Strand gezeichnet.
ERSTES KIND	Der eine Arm oft länger und der andere kurz.
ZWEITES KIND	Das taten wir.
ERSTES KIND	*lacht* Und Ohren wie die Esel!
ZWEITES KIND	Aber nicht aus Sand.
ERSTES KIND	Nur wo im Sand kein Sand war, hineingegraben –
PFARRER	Ich verstehe.
ZWEITES KIND	Die Schiffe grüßten sie von fern, wenn erst der Mond sich regte.
ERSTES KIND	Und einmal stand eins auf und winkte rasch zurück.
ZWEITES KIND	Das meine!
ERSTES KIND	Das meine machte sst, da legte es sich wieder.

ZWEITES KIND	*schon müde* Später kamen noch zwei schwarze Pferde zu Besuch, den Schlick hinunter, und fragten: Wollt ihr reiten?
ERSTES KIND	Aber keines ritt.
ZWEITES KIND	Und die starräugigen Fischer auf ihren Kuttern hatten nichts zu staunen.
ERSTES KIND	So fielen wir in Schlaf.
ZWEITES KIND	Gerade noch so hoch, daß keine Flut uns weckte!

Im Freien

ERSTES KIND	He du, hast du noch Hunger?
ZWEITES KIND	Durst.
ERSTES KIND	*immer schläfriger* Ich hätte gerne noch etwas Krikett gespielt.
ZWEITES KIND	Die Schläger sind im Schuppen.
ERSTES KIND	Nein, in der Laube.
ZWEITES KIND	Rieselt der Sand dir auch so in den Rock?

Im Zimmer

PFARRER	*freundlich* So habt ihr doch nichts mehr gespielt?
	Schweigen
	Wenigstens auf den Rasenplätzen um die Häuser sah euch keiner.
	Schweigen

Und auch die Nachbarn zu beiden Seiten,
soweit ich nach euch fragte –
Schweigen
Sich ermunternd Aber das mit dem Sand,
das kenne ich, das war bei uns, solange
wir noch jünger waren, auch nicht
anders: man freut sich auf das Schlafen
draußen, im Schatten vor der prallen
Sonne, Indianerhügel, Dünengras, und
wie das alles genannt wird – und dann
ists nichts damit. Der Sand fährt in die
Röcke, der Blick auf die verlassenen
Wracks ist verstellt und später wird es
kalt.
Schweigen
Nun, wir wollen diesen Abend feiern,
auch wenn es kein besonderer Abend ist!
Mit bunten Lichtern, vielleicht, daß ich
noch einige bei mir finde *er erhebt sich
mühsam* und Lisbeth soll sie in die
Sträucher hängen, ich will gleich nachse-
hen. Es könnte sogar sein – *erschrocken*
Schlaft jetzt nicht ein, ihr Kinder! Ich
hätte euch so gerne noch manche von den
ausgestopften Vogelbälgen gezeigt, die
ich, als ich in euern Jahren war und
früher – und einiges gefragt, ich wollte
euch erzählen, wie ich den Tag ver-
brachte, bleibt mir nicht fort! Und wie es
mit den Bienen ging. Ich wollte auch

einige von diesen alten Liedern mit euch singen, *lebhafter* die Chöre aus den ungebauten Kirchen, Wächter- und Schmiedehäuser und das Schlagen der Schatten, erinnert ihr euch? Und ein kleines Feuer richten.
Schweigen
Ihr Kinder, hört mir zu!

Nachmittag
in Ostende

Personen
JASON
SIMPLIZIUS
LOUISA
BEATRICE

Im Freien

JASON

Wachen Sie auf, Herr, wachen Sie auf. Es treibt sich einer hier herum, der nicht hierher gehört. Ich weiß es aus meinem Lehrbuch. Er hat mit der Gegend nichts zu tun, nichts mit dem Wellengang, gar nichts mit der See. Und doch taucht er immer bei Seegang hier auf. Geschmeidig, biegsam, feucht, glatt, tut so, als hätte er es immer schon mit Kuranstalten, feineren Tabakläden und Hafenbecken gehabt. Mit den Kellnerinnen und Kellnern, Damen- und Herrengesprächen, wehenden Flaggen zur Abfahrt, Musikalienhandlungen. Überhaupt Schiffsabfahrten. *Zornig* Oder Ankünften. Keine Rede davon. Ich wollte Sie schon lange warnen, ich wollte mich mit Ihnen befreunden, wir wären dann zwei. Ich sehe Sie hier immer zu sorglos auf Ihrem Strandstuhl schlafen, Ihre Himmelsgaben sind in Gefahr: Freundschaft, Gespräch, Zugehörigkeit. Er will Sie sich befreunden, ins Gespräch ziehen, Sie an sich ziehen. Oder mich. Aber wenn wir beide – bleiben Sie, schützen Sie keine Mahlzeit vor, hören Sie zu. Es treibt sich einer hier herum. Ich will mich nicht wiederholen, wenn Sie unterrichtet sind,

aber ich sage ihnen: Er ist gefährlich.
Haben Sie ihn nicht bemerkt, vorgestern
zum Beispiel? Oder Freitag. Er war hier.
Wie ich schon sagte: Lang, geschmeidig,
naß, mit verbeulten Knien. Von der
Überzeugung getragen, er hätte viel
gesehen. Das sind gefährliche Leute.
Seinen Namen? Aber Sie wissen ihn, Sie
müssen ihn wissen, er gehört zum
Allgemeinsten. Er gehört auch zu denen,
die sofort auftauchen, wenn ihre Namen
genannt werden. Aber ich wills versuchen, leise wenigstens. *Flüstern, dann
halblaut* Simplizius, nicht mein Simplizius. Wer das ist? Ein Held, wußten Sie
das nicht? Ein Held, ein Held, ein Held.
Es nützt aber nichts, wir haben zu laut
gesprochen. Hier ist er.

SIMPLIZIUS   *munter* Wie ich dann atemlos zu den
abgebrannten Scharteken komme, alles
steckt voll Staub und Erde, ich schaue
hinauf, aus dem einzigen Stockwerk
schaut eine mit drei Kopftüchern und
ich biete ihr an, was ich habe, ich biete
ihr an, alles, alles, ich biete ihr alles an,
ich biete, biete ihr, und alles, ja, das ist
es.

JASON   Nicht anzuhören.

SIMPLIZIUS   Und hier bin ich, hier bin ich. Und wie
die Wiesen sind, sehe ich, ich habe alle

	Wiesen gelernt, auswendig, unauswendig.

Wiesen gelernt, auswendig, unauswendig.
Und was geschah dann? *Er schnupft auf*

JASON Jetzt ist er still, aber ich lasse ihn nicht.
Ich will es wissen. Was geschah dann?
Wie war das mit den Pokalen oder war es
Bleistiftstaub, und als die Morgendämme-
rung heraufstieg, was geschah? Was habt
ihr hinterher getrunken? War es Wein
oder Mörtel? Und wer hat die Epikuräer
gelesen und wurde darin unterbrochen
und bugsierte den Meineidigen hinaus
und nahm ein Boot, nahm ein Boot?
Hören Sie? Oder war es eine Kinderuhr?
Und schleuderte sie gegen die Haustür?
Tat ers, tat ers nicht? Aber ich sage Ihnen,
daran erkennen Sie sie, sie nehmen Boote.
Das ist eindeutig. Wenn Sie hören ICH
BLIES DIE FLÖTE oder ICH FING MÜCKEN
oder ICH GING VON A NACH B, wissen Sie
einiges. Wenn Sie aber hören ICH NAHM
EIN BOOT, dann wissen Sie alles.

SIMPLIZIUS *von sehr nahe* Ich nahm ein Boot.

JASON Da war er wieder, aber es ist Lüge. Er
nahm keins. Hören Sie? Er nahm keins.
Schritte auf dem Sand, die sich entfernen
Jetzt geht er und ich habe den letzten
Freund verloren. Ich hätte das lassen
sollen, ich hätte sagen müssen ALLES GUT
SO oder WENN EINER EIN BOOT NIMMT,
IST ES GUT. Hören Sie! *er ruft* ES IST GUT

WENN EINER EIN BOOT NIMMT! Nichts.
Oder wenn er es nahm, wenn einer eins
nahm? Ja, so ist es richtig. *ruft wieder,
diesmal lauter* ES IST GUT, WENN EINER
EIN BOOT NAHM. Oder noch anders?
leiser, als probierte er aus DER IST GUT,
DER EIN BOOT NAHM. Ja, so. Oder WER
EIN BOOT NAHM, IST GUT. *Erschöpft* Das
wars. Aber er kommt nicht wieder. Und
noch einmal rufe ich nicht. Er war auch
undurchsichtig, haben Sies bemerkt?
Diese gegebenen Antworten, Erwiderun-
gen könnte man es fast nennen, ich
glaube, er hielt zu dem anderen. Dem
Simplizius, diesem Maultäuscher, der
immer ohne sich kommt, zum mindesten
hierher. Der sich nur reden läßt, ohne
daß Schritte zu hören wären. Und dann
redet er und redet und stiehlt mir meinen
Freund. Das nannte man früher einen
unlauteren Verlust. Um so etwas riß man
sich die Ohren aus, früher. Tschip,
tschip. Der kommt auch nicht. Es gibt
Tage, an denen sogar die Wasserkühe
fremd tun. Sich in Herden auf dem
Gischt wälzen und den nicht sehen, der
sie säugte. Der ihnen die Brust gab, sich
zu ihnen neigte.

SIMPLIZIUS   *ziemlich nahe, menschlich* Muh.
JASON   Sie erkenne ich immer gleich, Sie Simpel.

SIMPLIZIUS	Ich war immer gut in Tierstimmen.
JASON	Muh.
SIMPLIZIUS	Ich mußte die unseren täuschen und die andern. Das Landvolk –
JASON	Wenn ich das höre.
SIMPLIZIUS	Und das andere.
JASON	Gelungen.
SIMPLIZIUS	Ja, so schiens mir auch. *Plötzlich, entzückt* Wasserkühe, dort drüben, Herden, ganze Schwärme! Da muß ich meine Zuflucht ins Wasser setzen.
JASON	Die täuschen Sie nicht.
SIMPLIZIUS	*dumpf, übend* Muh, muh. Versuchen, alles versuchen. *Etwas gurgelnd* Muh.
JASON	Sie, Sie Simplizius! Wo ist unser Freund? Der vorhin neben uns saß? Der im Sand stocherte, den Sie verjagt haben? Simplizius! Fort. Ein öder Geist. Aber so heißt er. Wenn ich da an Louisa denke.
LOUISA	*entfernt und immer näher* An mich? An mich? An mich?
JASON	An dich. Und wie wir in Kolberg beisammen saßen.
LOUISA	Unter den bröckelnden Ziegeln.
JASON	Es waren elende Ziegel, unglasiert, gotisch.
LOUISA	Seither dachte ich manchmal, ich sei hölzern. Ein Boot.
JASON	Das bist du nicht.
LOUISA	Oder so ähnlich. Hier in der feuchten Gegend? Ich meinte, daß ein Schiffer

	mich geschnitzt hätte, bemalt, wieder ausgebessert und verkauft. Und dann noch froh war.
JASON	Worüber?
LOUISA	*träumerisch* Oder daß ich auf italienischen Friedhöfen herumlag, mit kleinen Bürgermeistern, Beamten von Nebenstellen.
JASON	Und Drachen stiegen darüber.
LOUISA	Das wissen Sie auch.
JASON	Liebe Louisa.
LOUISA	Drachen an Schnüren, trillernde Vögel, mit Namen, alles störend. Fahrräder, auf denen man zu dritt nebeneinander fahren konnte. Sie hören nicht zu.
JASON	Ich höre.
LOUISA	Wiederholen Sie!
JASON	Drachen an Schnüren, Sumpfvögel, Muschelköpfe, auf denen man zu dritt – nebeneinander –
LOUISA	Falsch.
JASON	Aber wahr. Sand in den Mütterschulen. Was gibts zu lachen?
LOUISA	Sand.
JASON	Sand? Sand. Ja, Sand. Fort von den Mütterschulen.
LOUISA	Sie waren überall.
JASON	Ich war in Kolberg. Ich richte mich nach Sprachgebräuchen.
LOUISA	In Kolberg ist auch allerhand.

118

JASON	Wenn ich mich auch lieber nach gedachten Nebenstellen richtete, kleinen Bürgermeistern – wie hieß es?
LOUISA	Beamten von Nebenstellen, meinen Sie das? Und Drachen stiegen darüber, Drachen –
JASON	An Schnüren, trillernde Vögel, mit Namen, alles störend. Fahrräder, auf denen man zu dritt nebeneinander fahren konnte.
LOUISA	*mechanisch* So ist es richtig.
JASON	Richtig?
LOUISA	So wie es war.
JASON	War?
LOUISA	*sich entfernend* War. War. War.
JASON	Das wärs. Das wars. So wie es war. So ist es richtig. Die schlechten Ziegel – *ruft* Louisa!
LOUISA	*entfernt* Louisa!
JASON	Louisa!
SIMPLIZIUS	*dicht neben ihm, grob* Louisa!
JASON	Sind Sie immer abkömmlich?
SIMPLIZIUS	*gemächlich* Immer.
JASON	Ich meine: Haben Sie keine ständige Stelle? Einen Schreibtisch oder in Ihrem Fall ein eingesunkenes Gehöft, feuchtes Heu oder so ähnlich? Eine brennende Wiese?
SIMPLIZIUS	Nein. Für meinesgleichen ist es sogar leichter, sich auf Wasser zu bewegen als

auf Heideboden und dürrem Gras oder auf eingetrockneten Fahrspuren. Ich bin ein rascher Geist. Aber die Wasserkühe waren eine Enttäuschung. Fett und aufgeschwollen und gaben weniger her als das sterbende Vieh in Thüringen.

JASON   Zum Wasserkuhmelker muß man geboren sein. Durchatemtechnik, Freundlichkeit –

SIMPLIZIUS   Sie sahen mich groß an und gingen unter Wasser.

JASON   Und was sonst noch daran hängt.

SIMPLIZIUS   Viel Freundlichkeit?

JASON   Lieber Simplizius.

SIMPLIZIUS   Das Unterwassergreifen fällt mir bis heute schwer.

JASON   Vielleicht freunde ich mich noch mit Ihnen an.

SIMPLIZIUS   Weshalb?

JASON   Ja, weshalb?

SIMPLIZIUS   *freudig* Das sind sie wieder, meine Wasserkühe!

JASON   Seine Wasserkühe. Nein, doch nicht. Keine Freundschaft.

SIMPLIZIUS   *schon vom Wasser her* Fort mit mir.

JASON   Ich gehe jetzt auch. Nicht einmal von hier aus will ich mitansehen, wie ers erlernt. Und wie sies erlernen. Man muß endlich wissen, wohin man nicht schauen möchte. Nur die salzige Milch, die hätte ich ihn gern trinken gesehen. Frisch aus dem Euter. Frisch ist alles am besten. *Donnergrollen* Jetzt trinkt er. *Donner-grollen, leiser* Und jetzt hat er genug.

SIMPLIZIUS   *prustend* Diese Märzgewitter.

JASON   Richtung auf Tahiti.

SIMPLIZIUS   Was?

JASON   Verstellen Sie sich nicht. Sie haben Milch getrunken.

SIMPLIZIUS   Milch?

JASON   Milch.

SIMPLIZIUS   *unbekümmert* Ja, abscheulich, Kartoffel hinein, Haferflocken darüber. Man kann sich alles vorstellen, aber nichts, was sie verbessern könnte. Sie ist salzig, verstehen Sie? Salzig von Natur. Gleich übergebe ich mich.

JASON   Da bin ich neugierig.

SIMPLIZIUS   *würgend* Ich auch.

JASON   Ich hätte das bei Ihnen nicht für möglich gehalten.

SIMPLIZIUS   Bei einem Geist?

JASON   Wie dem Ihren.

SIMPLIZIUS   Eben. Scheußlich. Wasserbüffelmilch. Da wird auch in der anderen Richtung nichts besser.

JASON   Wenn ich Ihnen behilflich sein könnte?

SIMPLIZIUS   Gleich. *Noch außer Atem* Wir können uns nebeneinander setzen und die Lage besprechen. Im Kasino ist ein Kanapee.

JASON   Wenn Ihnen wieder wohl genug ist.

SIMPLIZIUS	Genug, genug! Machen Sie sich keine Sorgen. Die Lage. Alle Lagen. Soll ich vor Ihnen herwehen?
JASON	Nicht zu rasch.
SIMPLIZIUS	Kein Wasserbüffel mehr auf dem ganzen Atlantik.
JASON	Die haben Sie verscheucht.
SIMPLIZIUS	Mir wird noch mehr gelingen. Die Promenade ist auch wie ausgestorben.
JASON	*zornig* Langsam! Ich bat Sie, langsamer zu wehen.
SIMPLIZIUS	Die Lage treibt mich.
JASON	Mein Mantelfutter reißt, warten Sie wenigstens, bis ich es festgesteckt habe.
SIMPLIZIUS	*rastend* Sie sitzen auf zu rissigen Bänken, ich beobachte Sie schon lange. Sitzen, sitzen, sitzen und dann hastig aufspringen. Ich kann Ihnen nicht sagen, wie froh ich bin, seit ich kein Mantelfutter mehr besitze.
JASON	*erbittert* Ich besitze einen Gesundheitszustand.
SIMPLIZIUS	Beatrice Kalugha wird Ihr Mantelfutter nähen.
SIMPLIZIUS	Wer?
SIMPLIZIUS	*stolz* Eine Bekannte von mir. Kasinodame.
JASON	Also gut, Beatrice Kalugha. *Kopfschüttelnd* Beatrice Kalugha.
SIMPLIZIUS	Sie näht gern.

JASON	Kenne ich sie?
SIMPLIZIUS	Eine Belgierin. Kennt zwei englische Dichter. Räumt auch manchmal auf.
JASON	Dann vorwärts. *Ein Windstoß, man hört es krachen* Mein Futter! *Der Windstoß heult wieder auf und verstummt*

Im Kasino

SIMPLIZIUS	Da wären wir.
JASON	Rascher als ich Sie bat. Es riecht hier muffig.
SIMPLIZIUS	Seit sich mein Geist verfeinert hat, ist mein Geruchssinn geschwächt.
JASON	Sie hatten nie einen.
SIMPLIZIUS	Aber brennende Gehöfte, brandiges Gras und so weiter –
JASON	Ich weiß.
SIMPLIZIUS	Das rieche ich heute noch. *Riecht, schnüffelt* Hier brennt nichts.
JASON	Und diese Stechtulpen an den Wänden!
SIMPLIZIUS	Kein Pflanzenfreund?
JASON	Nein.
SIMPLIZIUS	*nachdenklich* Kein Pflanzenfreund.
JASON	Ihre Beatrice ist auch nicht da.
SIMPLIZIUS	Ich habe die Tierfreunde immer im Verdacht, daß sie keine Pflanzenfreunde sind. Aber Sie sollten einmal mit mir den heutigen Quai Voltaire entlanggehen.
JASON	Gott bewahre mich.

SIMPLIZIUS	Es gibt dort einiges Blattwerk, das Sie interessieren könnte.
JASON	Ich möchte meinen Mantelsaum genäht haben. Ihre Beatrice –
SIMPLIZIUS	*gönnerhaft* Unsere Beatrice. Vielleicht kann sie aber auch nur Fransen bürsten. Sie ist auf irgend etwas spezialisiert. Ich glaube, mit f. Wenn es nicht Farnkräuter waren.
JASON	*zornig* Wo ist sie?
SIMPLIZIUS	Oder Ornamente, Ornamentalistik, das beschäftigt sie. Gestickte Krägen, Hemdsäume.
JASON	*ruft* Beatrice!
SIMPLIZIUS	*erstaunt* Haben Sie gerufen?
SIMPLIZIUS	*lauter* Beatrice?
SIMPLIZIUS	*grob* Beatrice! *Es hallt*
JASON	Wann haben Sie sie erfunden?
SIMPLIZIUS	*bissig* An einem dreiundzwanzigsten Dezember gegen sechs, als ein Landwehrmann vor meinem Fenster auf und abging. Meinen Sie, ich erfinde? Ich bin nicht Sie.
JASON	*hustet ärgerlich*
SIMPLIZIUS	Aber wenn es ihr mit ihrer Näherei ernst wäre, müßte sie jetzt kommen. *Ruft noch einmal, diesmal ruhiger* Beatrice!
BEATRICE	*leise, etwas hochmütig* Ja?
SIMPLIZIUS	Wo bleiben Sie?
BEATRICE	Ich mußte durch drei Türen. Davon zwei

	Schwingtüren. Die eine schwang nicht zurück, da ölte ich sie.
JASON	Schwingtüren.
SIMPLIZIUS	Schwingtüren und kein Ende! Gleich nachdem die Menschheit den ersten Lurch hinter sich hatte, erfand sie die Schwingtür. Wollen Sie nicht in meine Höhle kommen? Sie ist geriffelt, vorgewärmt von sechs künftigen Feuern, vorgekühlt von sieben alten Gletschern, getränkt von Bedeutung. Nein, nicht? Aber durch eine Schwingtür? Und so gings weiter. Schwingtüren, so alt wie Soldatenmützen, Fell auf Filz oder Filz auf Fell, das hängt alles an Haken und ist unaussterblich, ob es die Höhen um Dresden hinunterschwärmt oder woandershin. Kann durchschossen, gegabelt, geherzt und vergessen, verzinkt, schwerbeleidigt, hochgeschleudert und zertrampelt, kann versengt, angesengt, angespien, abgeleckt und hochgestellt werden, immer nach Wahl und die Wahl ist immer dieselbe. Zum Schluß hängt sie.
JASON	*leise* Beatrice?
BEATRICE	Ja?
JASON	Wir wollen ihn Sim nennen. Von heute ab.
BEATRICE	Sim.
SIMPLIZIUS	*am Rande seiner Kräfte* Prunkstück oder

	Hintergrund für mittlere Füsilierungen, was ist das?
BEATRICE	Nicht noch mehr Rätsel.
JASON	Ich wollte Sie bitten, mein Mantelfutter festzunähen, es riß am Strand.
BEATRICE	Ob ich die Nähseide finde?
JASON	Leicht, Beatrice.
SIMPLIZIUS	Und nur weil er da unten einem Okinesen bei seinen Freiübungen zusah. Der turnte, schwang sich auf und tat als ob er Wäsche wüsche. Umarmte steinerne Königinnen –
BEATRICE	In den Teesalons, in einem der Handschuhfächer. Oder in der oberen Garderobe, wo das mittlere Publikum seine Hüte abgibt.
JASON	Oder einfach aus der Wand, aus den gestickten Tulpen und ihren Schatten? Wo die mittleren Schatten ihre Tulpen abgeben.
BEATRICE	*ernst* Das wäre schade.
JASON	Nur einen Faden.
BEATRICE	Ich sehe oben nach.
JASON	Und ich?
SIMPLIZIUS	Die arme Seide. *Schluchzt unnatürlich*
JASON	Ich frage mich, wer jetzt in Sie gefahren ist.
SIMPLIZIUS	Wahrscheinlich Ihr Freund B, dem Sie so lange nachgetrauert haben. Oder C.
JASON	Oder F?

SIMPLIZIUS	Oder einer von den 26, von den 365, von den 44000, ich schlafe jetzt.
JASON	*ruft halblaut* Beatrice! *Es bleibt still*
SIMPLIZIUS	Eine Erfindung.
JASON	Beatrice!
SIMPLIZIUS	Wenn auch keine reine Erfindung.
JASON	Beatrice!
BEATRICE	Da bin ich wieder.
JASON	Scht.
BEATRICE	Schläft er?
SIMPLIZIUS	*seufzt im Schlaf*
JASON	Wecken Sie ihn nicht.
BEATRICE	Er schläft gekrümmt. Als schlüge ihn einer. Hätte er keine Fersen, man sähe sie im Samt. Und auch die Knie, die Nase, den rechten Schulterknochen.
JASON	Und so fort.
BEATRICE	*begeistert, halblaut* Die Handwirbel sogar, die Ellenbogen und hier die Daumenspitzen. An den Ausbuchtungen im Lehnstuhl, den Lücken in den Spalten. Hätte er nichts, es wäre doch zu sehen. *Nach einer Atempause* Samt ist dankbar.
JASON	Das merke ich mir lieber.
BEATRICE	Wo ist Ihr Mantel? Ein solcher Riß. Von einer Kniekehle zur andern.
JASON	Fünf Kniekehlen für mich allein!
BEATRICE	Das Futter hängt.
JASON	Es rührt daher, daß unsereins leicht kleinere Geister vor sich herwehen läßt.

SIMPLIZIUS	*atmet tief*
BEATRICE	Hören Sie? Der hat jetzt eingeatmet.
JASON	Wann atmet er dann aus?
BEATRICE	Sobald er Lust hat.
JASON	Den kennen Sie.
BEATRICE	Ich habe einen Hang zur Kenntnis. Von einer Großmutter kanalaufwärts.
JASON	Das wird ein Nähgespräch.
BEATRICE	Stickerei, Netzerei, Muschelzucht, nichts, was sie nicht kennen wollte. Bis hin zur Kurzschrift, zum Blindschreiben. Und so bin ich.
JASON	Aber Ihr Garn ist gelb.
BEATRICE	*erschrocken* Gelb!
SIMPLIZIUS	*atmet tief*
JASON	Jetzt hat er ausgeatmet.
BEATRICE	Das falsche Garn!
JASON	Nichts über gelbe Mantelsäume.
BEATRICE	So können Sie nicht gehen.
JASON	So gehe ich.
BEATRICE	Wohin?
JASON	Vielleicht hinauf, dort haben wir mehr Licht.
BEATRICE	Oben wird in einer Stunde zum Tee gedeckt.
JASON	Oder hinunter, dort haben wir weniger.
BEATRICE	Unten ist die Teeküche.
JASON	*ungeduldig* Tee, Tee!
BEATRICE	Den erwartet man hier.
JASON	Dann muß man seine Erwartungen ändern.

BEATRICE	Ich liebe Tee.
JASON	Ich auch.
LOUISA	*nach einem leichten Fensterklirren, von draußen* Die Tees in Kolberg, ungeziert und leicht.
JASON	Und die gezierten mit Orangensaft.
LOUISA	Auch weiter unten sind sie besser als einem glauben gemacht wird.
BEATRICE	Wenn eine Gegend Norden hat, so hat sie Tee.
JASON	Tee.
LOUISA	*entfernt* Infusionen.
JASON	Diesmal ohne Echo, Louisa?
LOUISA	Es kommt nicht immer.
BEATRICE	*lebhaft* Ich dachte, daß man da unten die Kamille bevorzugt. Starke Aufgüsse, wenn auch von Kamille. *Näher, immer in gleichmäßig sanftem Ton* Wer an der Leber leidet, aber auch nach schweren Mahlzeiten, Tabakgenuß oder zu stark Gebranntem –
JASON	Wach auf, Simplizius!
LOUISA	Oder nach den eiskalten Friedhöfen mit ihren Quadern, Semmelbrocken für die Vögel, dem Kunterbunt der Namen und der Feuchtigkeit unter den Mänteln, Silber, Gold – ich kann Ihnen nicht sagen, was es danach für eine Wohltat bedeutet, mit dem Beamten einer Neben-stelle Kamillentee zu trinken.

JASON	*gequält* Nein, wach nicht auf!
BEATRICE	*bewundernd* Sie kennen einiges.
LOUISA	Nicht viel, den Norden mancher Gegenden, Sitzbänke mit Quasten, die Farbe Weißlichblau und wie ich sagte: Quadern, Sperlinge.
SIMPLIZIUS	*stöhnend, noch im Schlaf* Spadern, Querlinge.
BEATRICE	Zu billig, um den Mund zu öffnen.
SIMPLIZIUS	*erwacht gähnend* Ich öffne den Mund nur, um billig zu sein. Erst wenn ich Lust auf meine eigene Teuerung habe, schließe ich alles und lege mich zum Schlafen nieder.
BEATRICE	*flüsternd zu Louisa* Was kennen Sie noch?
LOUISA	Sie sind zu wißbegierig.
BEATRICE	*ernst* Ich bin sehr wißbegierig.
JASON	*seufzend* Der Hang zur Kenntnis.
LOUISA	*nahe, als wäre sie im Raum, beteiligter* Einmal sah ich auch Wölfe. Meine Geschwister und ich bekamen Schleifen ins Haar und gingen in den Zoo. Das war aber bevor ich reden konnte.
SIMPLIZIUS	*vergnügt* Jetzt lügst du, Louisa.
LOUISA	Wer ist das?
BEATRICE	Nur ein Abdruck im Samt.
SIMPLIZIUS	*schnalzt* Schon gleichgestellt, wie es sich auch gehört. Aber solltest du nicht wissen, was eine Wolfslatz ist, Louisa, so erkläre ich dirs gern noch einmal.

LOUISA	Er nennt mich du.
BEATRICE	Mich auch.
SIMPLIZIUS	Wie man sie aus den Traden treibt und wie zuletzt die Hinterbeine einknicken.
LOUISA	Was ist das, Traden?
SIMPLIZIUS	Stell dich nicht an. Sonst erkläre ich dir auch noch deinen Jubel, wenn er eingeholt war, wenn ihm die Angst das Blut in die Augen trieb.
LOUISA	*fast weinend* Traden, Traden!
BEATRICE	*vorwurfsvoll* Jetzt weint sie.
JASON	Wir kommen zur Lage.
SIMPLIZIUS	*reibt sich die Hände* Schön!
JASON	Wo beginnen wir?
BEATRICE	Ein grüner Tisch ist oben, Billard und alles.
JASON	Und auch genügend Scheren und papierene Orte?
BEATRICE	Unsere Küste ist für Lagebesprechungen berühmt.
LOUISA	*schluchzt jetzt laut*
BEATRICE	Wir haben alle Bequemlichkeiten, die eine Lagebesprechung erfordert, vom Pfeifenständer begonnen. Abgeteilte Strände für jeden Besucher, wenn es warm genug ist.
JASON	Napoleonische Hafenbecken, wenn es kühl wird.
LOUISA	*immer noch schluchzend* Ich habe keine Ahnung, was Traden sind.

JASON	*beruhigend* Louisa!
LOUISA	Und wenn mich heute einer fragte WAS SIND DAS, TRADEN? und ich sollte es ihm auf den Kopf zusagen, ich könnte es nicht. Auch nicht für ein Vermögen.
SIMPLIZIUS	Nicht?
BEATRICE	Kann man es nicht erforschen?
SIMPLIZIUS	Traden.
JASON	Ein süßes Wort, wer sagts mir noch einmal? Aber Vermögen brauchst du nicht, Louisa, du hast es nie gebraucht. Eine Erscheinung wie du und jetzt mit Echo, quer über die See.
LOUISA	Ohne Echo für Sie.
JASON	Das macht die Süßigkeit noch kräftiger. Ohne Echo, wenn es sich mit Echo gehört.
SIMPLIZIUS	Wer möchte jetzt nicht gern zur Lage kommen? Hinauf! *Ein Sausen, das wieder abbricht*
LOUISA	Ich möchte nicht, ich gehe lieber nach Torquay.
JASON	Torquay?
SIMPLIZIUS	Das sah ich kommen.
JASON	Torquay wird dir nicht liegen.
LOUISA	*schneuzt sich* Terrassenförmig, mit Schulen aller Konfessionen und belaubten Höhen. Es wird mir liegen.
JASON	Terrassenförmig, Louisa, denk an Kolberg und das Treppchen zur Laube oder

denke an deinen andern Norden mit seinen Quadern, ist eine Treppe nicht terrassenförmig, nicht terrassenförmiger als jede Terrasse, um so terrassenförmiger, ja, das sage ich, je weniger sie der Erde nacheilt, dem Sand, dem Wein, je mehr sie sich auf Luft erhebt? Kann es etwas Terrassenförmigeres geben als eine Treppe, die zu den schöneren Beratungszimmern führt?

LOUISA Ich störe hier. Und ich traue den Terrassen, die der Erde nacheilen.

SIMPLIZIUS Fort.

JASON Schon wieder.

BEATRICE *spitz* Hier ist Ihr Mantel.

JASON Hier ist mein Mantel.

BEATRICE So gut ichs konnte.

JASON Ein neuer Stich und eine neue Farbe.

BEATRICE *ärgerlich* Ich muß hinauf.

SIMPLIZIUS Wir auch.
Ein neues Sausen, diesmal nicht unterbrochen – aufatmend
Von einer gewissen Geschwindigkeit aufwärts nenne ichs empor.

BEATRICE *eine Lade öffnend* Hier lag der graue Zwirn. Der richtige.

SIMPLIZIUS Dann lassen Sie ihn liegen.

BEATRICE *sich räkelnd* Geben Sie seiner Lage Zukunft, so nenne ichs.

BEATRICE Lage, Lage, Zukunft!

JASON	So nennt ers.
SIMPLIZIUS	*läßt sich in einen Sessel sinken* Und Ihrem Stand Vergangenheit.
BEATRICE	Sie dürfen sich nicht so kräftig in diese Sessel setzen. Unsere Teebesucher –
SIMPLIZIUS	*behaglich* Sessel, Sessel, Tee!
JASON	Es ist alles sehr hübsch.
BEATRICE	Hübsch?
JASON	Das Treppchen links, die Scheiben rechts, der halbseidene Vorhang in der Mitte.
BEATRICE	*zornig* Der Blick nach Torquay.
JASON	Ist nicht übermäßig. Aber es gibt Blicke, die ihn ersetzen können. Drei schwache Pilaster an dem schwachen Haus dort drüben, nicht zu Ende gedacht. Das reicht.
BEATRICE	Wer fort ist, hat den Vorteil.
JASON	Dann bedenken Sie, wovon Sie fort sind, Beatrice. Wenn ich die Kontinente spare, auch die Meere, Deltamündungen, besungene Häfen, wenn ich nur sage, Sie sind fort von Guadalupe, von den Dörfern am Tejo, von einer Besenkammer bei Ybbs, von Lützen und Lima, fort von den stockenden Beratungen über die Reform des Handarbeitsunterrichts in den Dörfern der Mainschleife, von den Tierschauen und Tierseuchen am Rande der Kalkalpen, von den neunten Weihnachten Ihrer Großmutter, von der Zukunft der Wolfsrasse und auch von Ihrer eigenen –

SIMPLIZIUS	Verrufen Sie es nicht.
BEATRICE	Für mich an diesen Nachmittagen hier im Salon ist alles schon verrufen. Diese öden Wolken!
SIMPLIZIUS	Keine ist fort. *Gelangweilt* Verruf den Tee damit er fortkommt von Afghanistan und endlich auf diesem verrufenen Tisch steht, aber warm.
JASON	Heiß.
SIMPLIZIUS	Heiß. Mit Teegebäck. Ich verrufe jetzt alles. RUM UND BLÄTTERTEIG! VIEL RUM UND WENIG BLÄTTERTEIG! VIEL RUM!
BEATRICE	Gleich, gleich.
SIMPLIZIUS	Die Tassen leicht und dünn!
JASON	Sie scheinen in Ihren verbrannten Dörfern noch einiges vorgefunden zu haben. *Fensterklirren*
LOUISA	*wieder von draußen* Zuerst die Teegedecke, Beatrice, den schmalen Läufer.
JASON	Zurück aus Torquay, Louisa?
SIMPLIZIUS	Wenn sie durchs Fenster kommt, kommt sie aus Torquay. Das ist erwiesen.
LOUISA	Und wenn ich nicht durchs Fenster komme, komme ich aus Torquay.
JASON	Alles deine Zeichen.
LOUISA	*atemholend* Hier ziehe ich mich leicht hoch. Hier verlängere ich mich sogar, wenn es nicht anders geht. Und meine berühmten Stirnknochen beginnen noch zu wachsen.

JASON	Noch stärker, Louisa? Das Längliche war niemals deine Stärke.
LOUISA	Hier mache ich es dazu. Die Kursaalbauweise ermöglicht manches.
BEATRICE	*während sie die Tassen auf den Tisch stellt* Sie sind verändert.
LOUISA	*jetzt innen, lebhaft* Ja. Über Eastbourne gefiel mir mein Charakter nicht mehr.
JASON	*ärgerlich* Schließ das Fenster, Louisa.
LOUISA	*unberührt* Es war – wie soll ichs sagen? Es war wie eine Eröffnung.
JASON	Das ist hergebracht.
SIMPLIZIUS	Der Südsüdwest, so gehts mir auch manchmal.
LOUISA	Nicht wie es Ihnen geht. Nicht Neid und Habsucht, die Sucht, die Taschen, die sich bieten, auszuräumen oder Lügensucht, Gewalttätigkeit –
JASON	*schärfer* Du sollst das Fenster schließen.
LOUISA	Es war eher die Milde, die mich an mir selber störte, gemeinsam, mit der Wehmut und der Unerschütterlichkeit.
SIMPLIZIUS	Ein Haufen fliegender Fische, angesteckt von drei der fünf Tollwutarten, die sonst nur Füchse befallen, soll von den Antillen nach Norden streben.
LOUISA	*die den Faden verloren hat* Mit der Milde und der Unerschütterlichkeit – dräng mich nicht fort!
JASON	Ich schließe jetzt das Fenster.

BEATRICE	Es wird auch wieder stürmisch.
LOUISA	Aber es war die eigene Wehmut, die mich am meisten störte. Gegen den salzigen Dunst. Die aufkommende Nacht bei Eastbourne.
BEATRICE	*einschenkend, gereizt* Milch, keine Milch?
SIMPLIZIUS	Beides, beides.
BEATRICE	Dann keine Milch.
SIMPLIZIUS	In meinem innersten Wesen ist eine Unentschlossenheit Milchfragen gegenüber, und ich möchte sie beibehalten.
LOUISA	Wir haben auch Sahne in Tuben.
BEATRICE	Wir?
LOUISA	Im Eisfach nebenan.
BEATRICE	Sie haben sich anwerben lassen.
LOUISA	Ich habe mich anwerben lassen. Ich drehte über Eastbourne –
JASON	Das ist jetzt bekannt.
LOUISA	Der Wind blies in meiner Richtung. Trotz schwerer Erschöpfung –
BEATRICE	Sie waren beim Kursaaldirektor.
SIMPLIZIUS	Milchfragen.
LOUISA	*immer aus der anderen Ecke* Ich war beim Kursaaldirektor.
JASON	Schon in den richtigen Farben?
LOUISA	Nicht ganz. Aber er ließ es mich nicht merken.
JASON	Unsere Hilfskellnerin Louisa war keine schlechte Hilfskellnerin. Sie wußte schon ehe sie begann die Lage der Eisfächer.

SIMPLIZIUS	Weißt du, wo Rum ist, Louisa?
LOUISA	Ich hole ihn gleich.
JASON	*wie vorhin monoton, als läse er* Friede sei mit ihr.
BEATRICE	*schluchzt* Mit der?
SIMPLIZIUS	Wo der Rum stand, wußte sie nicht rasch genug.
LOUISA	*aufatmend* Hier ist er!
SIMPLIZIUS	*während sie ihm Rum gibt* Friede, Friede.
LOUISA	Wir müssen Freunde werden, Beatrice.
SIMPLIZIUS	Oder in drei Teufels Namen. Wie sagt man hier?
LOUISA	Es kommt alles mit der Zeit. Als mein Vater in Eberswalde als Gerichtsassessor begann, konnte er sich zuerst auch nicht daran gewöhnen, daß schon einer da war. Zuletzt weinte er, als der andere fortging. Es war nur drei Jahre danach.
JASON	*kalt* Liebe Louisa.
LOUISA	Sollten wir nicht beginnen? Der Läufer aus dem Schränkchen, die eigentlichen Teegedecke?
SIMPLIZIUS	Auf Eastbourne!
JASON	Es war gründlich.
LOUISA	Und das ältere Chrom.
BEATRICE	*starr* Das ältere Chrom.
LOUISA	Für die ersten Teebesucher.
BEATRICE	*sich aufraffend* Die sind hier.
LOUISA	Ich meine nicht uns.
BEATRICE	*lacht* Die beiden hier?

SIMPLIZIUS	Hören Sie, wer Sie sind? Sie sind einer von uns beiden, aber ich lasse Ihnen die Wahl.
JASON	Kein Boot mehr, Louisa, nicht steif, nicht Holz, wie fühlst du dich?
BEATRICE	Sie ist um das ältere Chrom gegangen.
SIMPLIZIUS	Möchten Sie lieber der UNS sein oder lieber der BEIDEN. *Behaglich* Oder sollen wir die Buchstaben würfeln? Da hätten Sie fast Chancen, aber ich bin gegen das Würfeln. Es geht immer etwas verloren, und die Wörter sind ohnehin schon dürftig genug.
LOUISA	Hier ist das Chrom.
JASON	*legt seinen Löffel hin* Ich bin fertig.
SIMPLIZIUS	Ich auch. Mit allem, was Chrom betrifft, auch älteres Chrom. Ich weiß nicht, ob es über Eastbourne war, daß ich mich zu den hohlen Händen bekehrte –
JASON	Nicht Eastbourne.
SIMPLIZIUS	Aber es war für immer.
LOUISA	Die Gedeckordnung, Beatrice?
SIMPLIZIUS	Ich beurteile Getränke danach, ob sie sich aus der hohlen Hand trinken lassen.
LOUISA	Hatten wir sie nicht schriftlich festgelegt?
BEATRICE	Im Schränkchen, grünes Glanzpapier, es ist die von 1873.
LOUISA	Die letzte?
BEATRICE	Haben wir noch nicht.
LOUISA	Ich meine, die neueste.

BEATRICE	Von 1917? Die ist verschwunden.
LOUISA	Verschwunden?
BEATRICE	Sie war nicht besonders. Schlechte Abänderungen an den falschen Stellen. Die Schrift undeutlich, ein schwacher Druck. Besonders die Beispielzeichnungen waren oft kaum sichtbar. Bei manchen wußte man nicht, lag ein Hase oder ein Reh auf der Platte? Waren mit gewissen Andeutungen Torten- oder Fischmesser gemeint? Man wußte es nicht.
LOUISA	*gleichgültig* Ein schlechter Zeichner.
BEATRICE	Sollten die Servietten fünffach oder siebenfach gefaltet werden? Das variierte auf einer einzigen Zeichnung. *Ein schwaches Klirren.*
LOUISA	Was ist das?
BEATRICE	*immer lebhafter* Es war eigentlich alles variabel an dieser Gedeckordnung, sie lag dort wie an den Strand gespült, wie manchmal Kochbücher mit jambischen Einleitungen, die im Sande liegen. Man wußte nicht, woran man mit ihr war –
LOUISA	Das sagten Sie soeben.
BEATRICE	Im Index Wörter wie TOLLWUT oder VALENTIN, ich frage Sie, was soll das bei einer Gedeckordnung? Die Einteilungen von Picknickkörben fehlten ganz, bei den Frühstückssitten auf hoher See war

	wieder ein Mangel an Variationen zu spüren und wie man den Toast bei Krönungsfeiern anbringt –
LOUISA	*eisig* Ausbringt.
BEATRICE	Das stand nicht darinnen. Ich frage mich überhaupt, ob es eine Gedeckordnung war. Wars eine? Wars eine? Es war keine. Ich glaube, es war keine. Nein, es war keine, jetzt hab ichs. Es war keine. Keine Gedeckordnung.
LOUISA	Sie erschöpfen Ihre Kräfte.
	Klirren
LOUISA	Es klirrte.
BEATRICE	*ruhig* Unsere Freunde sind fort. Durchs Fenster.
LOUISA	*erbittert* Dieser Ort bietet wenig Abwechslung. Wenn ich es offen sagen darf: zu wenig. Fort und hier, fort und hier und dazwischen nichts, was das eine oder das andere rechtfertigen könnte. *Den Tränen nahe* Kein Tanz, keine Zuspitzung, nichts verflicht sich ernsthaft miteinander.
BEATRICE	*ungerührt* Arme Louisa.
LOUISA	Da waren mir noch die Sätze in meinem französischen Lehrbuch lieber, gewöhnliche Exempel, flach auf den Seiten. Da kam mehr vor als hier.
BEATRICE	Ein Taschentuch? Aus dem Geschirrschrank?

141

LOUISA	*schluchzend* Immer zwölf bis vierzehn Kapitel und ohne einen anderen Zusammenhang als das Beispielhafte. Aber es kam mehr vor. *Sie trocknet die Tränen* Die Fenster haben sie uns auch zerbrochen.
BEATRICE	Louisa, Louisa! Die erste Lerche!
LOUISA	Ihre Abwechslungen.
BEATRICE	Oder haben wir Herbst? Und bei dieser Windstärke? Mich wunderts, auch das Trillern. *Nach einer kurzen Pause* Drei Jahre bin ich hier, und es geht mir schon jetzt so, daß ich manches nicht mehr voneinander unterscheiden kann. Fichten und Föhren, das ginge noch, das könnte man verstehen, aber Föhren von Luftpostpapier? Ich unterscheide es einfach nicht mehr. Und es ist nicht das einzige. Zu häkeln habe ich auch verlernt.
LOUISA	*von neuem interessiert* Konnten Sie häkeln?
BEATRICE	Stäbchen! Ganze Westen.
LOUISA	Und um es zu verlernen? Wie lange brauchten Sie?
BEATRICE	Sieben Wochen.
LOUISA	Ich kann mehr als häkeln.
BEATRICE	Südöstlich soll es bessere Orte geben, gegen andere Disziplinen. Um das Netzen und den Kettenstich zu verlernen, gründlich zu verlernen, ließ ich mir

	sagen, soll man in Le Havre nur fünf Wochen brauchen.
LOUISA	Ich kann nicht netzen.
BEATRICE	Es soll auch in unserm Land Orte geben, in denen man, so unglaublich es klingt, die Luftmaschen schon nach elf Monaten verlernt hat.
LOUISA	Ich hatte gute Lehrer. Hören Sie? *Sie summt vor sich hin* Das Tristanmotiv. Unauslöschlich.
BEATRICE	Dagegen soll Saint Lazare gut sein.
LOUISA	Ich ertrage es. Ich will nur handarbeiten verlernen. Die schwierigsten Muster, auch die halbschwierigen, die man mir an manchen Nachmittagen meines zwölften Jahres beibrachte. Aber ich halte es nirgends lange aus. Es muß mit East-bourne zusammenhängen und mit der Änderung meines innersten Wesens: Ich brauche Welt. Und Sie ahnen nicht, wie fest gerade schwierige Muster haften, wenn sie erlernbar sind. Sterne, Fische, Segel im Plattstich, auch Jagdszenen oder den Walfischfang im geeigneten Moment. Nachts könnte ich die Stickanleitung in jede Tapete ritzen.
BEATRICE	Ich sah Seeleute, die hatten sie am Unterarm.
LOUISA	Und? Ging sie weg?
BEATRICE	Hören Sie?

Schritte im Haus

LOUISA	Solange wir für uns sind, Beatrice: Soll ich bleiben?
BEATRICE	Hier nicht.
LOUISA	In welche Metropole?
BEATRICE	Ich hörte, daß es selbst in Metropolen Stadtteile gibt, wo der Plattstich unverlernbar ist. Ich hatte eine Freundin in Saint Denis, sie verlernte dort nichts. Erst als sie ein paar Jahre in Stettin war, ging der Steppstich weg. Den Holbeinstich verlernte sie nie, auch nicht die Tuchmosaike. Sie hatte sich zu lange in Saint Denis aufgehalten.
LOUISA	*entschlossen* Ich gehe nach Stettin. Solange ich jung bin.

Die Tür öffnet sich

JASON	Ein Glas Tee vorher?
LOUISA	Was wollen Sie?
JASON	Dasselbe von vorhin. Als Monteur verkleidet. Ich bin der eine.
SIMPLIZIUS	*noch im Treppenhaus, hinter Jason* Ich bin auch der eine.
LOUISA	Ich sagte schon, daß mir die Abwechslungen hier nicht genügen.
JASON	Wir waren an den Hafenbecken und haben den Kaiser bewundert.
SIMPLIZIUS	Bis heute, stellt euch das vor Augen, bis heute nur geringfügige Reparaturen nötig.

JASON	Da und dort ein Riß.
BEATRICE	Ich hörte unlängst, daß es salzärmere Seestreifen gibt, 53 cm breit und bis 25 tief.
LOUISA	*flüsternd* Aufhören!
BEATRICE	Bis weit nach England hin.
LOUISA	*zuletzt schreiend* Aufhören, aufhören! *Klirren, Sausen, Türenschlagen*

Im Freien, Stimmengewirr

JASON	Keine andere Landschaft könnte Mozart hervorgebracht haben.
BEATRICE	Man umringt uns.
SIMPLIZIUS	*flüsternd* Keine Vorsicht.
BEATRICE	Der Kursaaldirektor!
JASON	Das ist die Oberstenfrau, die vorhin an uns vorbeilief.
BEATRICE	Woher sie die Teegläser hat?
SIMPLIZIUS	Aus dem Schränk –– wie heißt es?
BEATRICE	Schränkchen.
JASON	Was steht auf Plünderung?
SIMPLIZIUS	Nichts. Reden, reden!
JASON	Sie drängen uns ins Wasser.
SIMPLIZIUS	*rasch* Die Sprache benützen!
BEATRICE	*stammelnd, immer neue Sätze beginnend* Keine andere Landschaft, Botschaft –– keine andere Gegend –– wir könnten ebensogut auf Baumstümpfen sitzen –– Bach, Bach in Ansbach und die Schwa-

	dronen —— ist es wahr, sagte man früher Kürassiere? Im Laubenhäuschen? Aber die Stöckchenlandschaft ——
SIMPLIZIUS	*beteuernd* Eine aufgelegte Stöckchenlandschaft.
JASON	Man kann nicht Grünbaum heißen.
BEATRICE	Nein! Nein!
SIMPLIZIUS	Weiter!
JASON	*verzweifelt munter* Unlängst sah ich Mutterkorn.
SIMPLIZIUS	Und den Rest.
BEATRICE	Bis zu 60 Buhnen.
	Das Stimmengewirr schwillt an
BEATRICE	*darüber* Früher waren es 62.
JASON	Ich frage mich: Was ist in die Seearchitektur gefahren?
BEATRICE	*ruhig* Der Geiz.
JASON	In einem Satz. *Während die Stimmen noch näher kommen* Du mußt in Sätzen sprechen.
BEATRICE	*langsam, jedes Wort betonend* Der Geiz ist in die Seearchitektur gefahren.
SIMPLIZIUS	Man sieht überall durch.
JASON	Und was folgert daraus? *rasch* Pilaster, der Mangel an Mosaiken auf den Hochseekuttern. Man läßt sich auf Weichholz ein.
BEATRICE	Ach das, ja.
SIMPLIZIUS	*flüsternd, während das Stimmengewirr nachläßt* Sie verziehen sich.

BEATRICE	Der Kursaaldirektor sieht immer noch herüber. Die mit dem Teeglas. Jetzt zeigen sie auf uns. Verneigt ihr euch?
JASON	Nein.
SIMPLIZIUS	Ich auch nie öfter als dreimal.
BEATRICE	Sie hat Tee verschüttet.
JASON	Ich ziehe jetzt meinen Hut.
SIMPLIZIUS	Guten Abend!
BEATRICE	*ermutigt* Guten Abend!
	Stille
SIMPLIZIUS	Das hilft.
JASON	Man müßte der Menschheit öfter guten Abend wünschen.
SIMPLIZIUS	Sobald sie sich zu elft am Strande aufhält.
BEATRICE	*lauter* Guten Abend!
	Gläserklirren in der Ferne
	Sie trinken uns zu.
SIMPLIZIUS	Diese Federhauben!
BEATRICE	*neugierig* Kommt das jetzt wieder durch?
JASON	Es sprüht Tee herüber.
SIMPLIZIUS	*bürstend* Pfui Teufel.
JASON	*ruft* Gesundheit, Gesundheit!
BEATRICE	*zaghaft* Gesundheit!
	wieder Stimmen
	lauter Frohsinn!
SIMPLIZIUS	*bürstend, ärgerlich* Tee auf Leder!
BEATRICE	*verzweifelt* Sie kommen.
SIMPLIZIUS	Frohsinn, Frohsinn!
JASON	Erhabenheit des Gemüts! Einen sephardischen Geist!

SIMPLIZIUS	Lustiges Nüsseknacken!
BEATRICE	*laut* Glückliche Reise!
SIMPLIZIUS	Das war gut.
JASON	Kühnheit, Mittagslob, mir kommt alles durcheinander. Auf einem Hügel bei Triest wünschte man sich vor Jahren einen gesegneten Absprung.
SIMPLIZIUS	Das paßt hier nicht.
JASON	Was dann?
BEATRICE	*flüsternd* Kraft und Stärke.
JASON	Kraft und Stärke!
BEATRICE	*flüsternd* Alle unsere Lieben.
JASON	Alle unsere Lieben.
BEATRICE	*flüsternd* Zum Wohl.
JASON	Zum Wohl!
SIMPLIZIUS	Das hat eingeschlagen.
JASON	*erleichtert* Was einem oft nicht einfällt.
BEATRICE	Jetzt gehen sie.
JASON	Die mit dem Teeglas spielte, glaube ich, in Rotterdam die Luise in Kabale. Der Gang ist unverkennbar.
SIMPLIZIUS	Weißgrün.
JASON	Würdest du auch gern die Luise spielen, Kindchen?
BEATRICE	Die Luise spielen!
JASON	Nicht Louisa, die Stettin uns raubte.
SIMPLIZIUS	Sie an sein Herz zog, daß die Türen krachten.
JASON	Oder lieber die Milford, die Cordelia, Thekla, Amalia, Emilia?

SIMPLIZIUS	Seekühe da draußen! Das sind Verwandlungskünstler. Federhauben, Teegläser, Salzwellen, auf, ab, auf, ab!
JASON	Die Vera Cruz?
SIMPLIZIUS	*wird von einem Hustenkrampf geschüttelt* Elf Seekühe, elf verschiedene Breiten!
BEATRICE	Sie sinds. Ich sehe auch ein Teeglas schimmern.
JASON	Wir sollten uns bald über Salztee einig werden.
SIMPLIZIUS	He, ihr Verwandlungskünstler! Gebt ihr kein Gastspiel mehr? *Schweigen* Ihr dürft hier alles spielen! Alte Leute, zermalmte Seekräuter, pfeifende Gedärme! Robben- und Schafsaugen und die Kaiserin Eugenie.
JASON	Unverlockend.
BEATRICE	Eins schwimmt voraus.
JASON	Die Dame.
SIMPLIZIUS	*bewundernd* Die spielen alles. Unangewiesen und bei dieser Nässe.
JASON	Freundliche Harpuniere in der Erinnerung.
BEATRICE	Gott muß stark sein. Aber die lila Stockschirme haben sie alle auf dem Pier gelassen.
JASON	Für die Heimkehr.
BEATRICE	*Händeklatschend* Wir erwarten sie.
JASON	Ich möchte abraten.
BEATRICE	Sollen wir sie ihrem Schicksal überlassen?

Elf Seekühe, unterwegs nach den unmög-
lichsten Orten, Labrador oder Biskaya,
ich kenne ja nicht alle. Und zu den
Leuten dort? Nachdem wir sie mit
unseren Trinksprüchen gejagt haben? Wer
weiß, wen ihre Milch lockt? Und wo sie
Weiden finden, wer sie freundlich auf-
nimmt?

JASON	*seufzend* Gut, gut.
BEATRICE	Was soll das heißen?
JASON	Wir erwarten sie.
BEATRICE	Ja, ja! Wir erwarten sie, wir erwarten sie! Wir erwarten sie.

Pause

SIMPLIZIUS	Au weh!
JASON	Sind Sie getroffen?
SIMPLIZIUS	Ich weiß nicht.
JASON	Glück.
SIMPLIZIUS	Ich weiß nicht, ob es der Südsüdwest ist, oder der Stockschirmmechanismus, der zurückschlägt.
JASON	*stöhnend* Schwer wie Blei.
BEATRICE	Wenn wir sie aufbrächten!
JASON	*gereizt* Was nützte es uns?
BEATRICE	Ein Schutz.
BEATRICE	Ein Stockschirmzelt. Auf diesem gottver-lassenen Pier.
BEATRICE	Nur einen. Oder zwei.

SIMPLIZIUS	*stöhnt unwillig*
BEATRICE	Ich bleibe hier. Auch wenn keiner aufgeht.
SIMPLIZIUS	*während der Arbeit* Was mich wundert ist, daß die Beschäftigungen nicht abnehmen. Wir sind die Schirmaufspanner.
JASON	*gähnend* Stockschirmaufspanner.
BEATRICE	*eifrig* Es muß ein geheimer Mechanismus sein.
SIMPLIZIUS	Eine Zwischengewalt. Aber die elf sind schlau. Lassen hier etwas liegen, was eine Farbe hat, lila, und zwei Sinne, Stock und Schirm. Das lenkt ab, das läßt einen nicht auf die Idee kommen, daß es uneröffenbar ist.
BEATRICE	*munter* Wer kennt die Ballade von der verlorenen Uhr?
JASON	Sing sie nicht!
BEATRICE	Ich wollte nur das Grammophon aus dem Kasino holen.
	Ein Knall
SIMPLIZIUS	Auf!
BEATRICE	Der erste!
JASON	*enttäuscht* Eröffenbar.
SIMPLIZIUS	Das zieht!
BEATRICE	Bleib hier, Simplizius!
SIMPLIZIUS	*schon entfernt* Öffnet keinen mehr!
JASON	Was sagt er?
SIMPLIZIUS	*sehr entfernt* Öffnet keinen mehr!
BEATRICE	Ich verstehe ihn nicht.

JASON	Aber ich.
SIMPLIZIUS	*am entferntesten, aber deutlicher, während der Wind nachläßt* Öffnet keinen mehr!
BEATRICE	Der ist gut!

Im Kasino

JASON	*diktierend* Und so bleibt uns nichts übrig, als für die Aufbesserung des Lichtes zu sorgen –
BEATRICE	Lichtes zu sorgen –
JASON	Beatrice – wie heißen Sie?
BEATRICE	Kalugha.
JASON	*nachdenklich* Beatrice Kalugha.
BEATRICE	K wie Kerbe, A wie Alpenrand, und so fort. Nur nach dem G ein H.
JASON	*weiterdiktierend* Beatrice Kalugha und ich.
BEATRICE	Ich glaube, jetzt ist es gut.
JASON	Glauben Sie, daß ich alles gesagt habe, was man einer Kurbehörde sagen kann? Auch so, daß das Verschwinden eines Stockschirms gerechtfertigt erscheint? Und daß man uns nichts nachträgt?
BEATRICE	Ich kenne Sie gar nicht.
JASON	Die Kurbehörde kennen Sie besser als ich.
BEATRICE	Man wird uns alles nachtragen. Daß wir die Schirme berührt haben und daß wir sie nicht berührt haben, daß wir sie aufbrachten –

JASON	Nicht alle.
BEATRICE	Und daß wir sie nicht aufbrachten. Daß wir sie nicht zur Behörde trugen –
JASON	Weil die Behörde nach Hause gegangen war.
BEATRICE	Und daß die Behörde nach Hause gegangen war. *Die Stimme verstellend* Wie ist es möglich, elf Stockschirme und Sie haben nichts damit zu tun gewußt, nicht das einzige, was Sie damit hätten tun können?
JASON	*auch verstellt* Aufspannen, Herr Richter?
BEATRICE	Nein. Vorsichtig zum Amt tragen, daß die Seide nicht schleißt.
JASON	Sie sind aber schwer.
BEATRICE	Schwer? Reichen Sie mir einen herüber!
JASON	Vorsicht!
BEATRICE	Nichts. Kein Gewicht. Wenn ich meinen gesonderten Schirm für sich nehme, trage ich schwerer als an Ihren elf Stockschirmen.
JASON	An unseren?
BEATRICE	Sie erklären auch, daß die Schirme nicht eröffenbar wären.
JASON	Schwer eröffenbar.
BEATRICE	Oder schwer eröffenbar. Und daß man an ihnen hängend davongeweht werden könnte, auf Nimmerwiedersehen. *Das Letzte flüsternd* Bleiben Sie da! Bleiben Sie! *Gelächter.* So ungefähr.

153

JASON	*neugierig* Ist das der Schreibsalon? Lackiert und grau?
BEATRICE	Nach meiner Anweisung. Eine Kasino-dame ist hier alles.
JASON	Wir sind bald fertig, Beatrice.
BEATRICE	Nur noch die Redensarten.
JASON	Wissen Sie eine?
BEATRICE	Waldeslust.
JASON	Das ist keine Redensart.
BEATRICE	Mit Filzschreibern auf Glanzpapier über den linken Fensterstock. Es reicht.
JASON	Es ist ein Doppelwort. Und die andere?
BEATRICE	Über den rechten.
JASON	Ich meine: Wie soll sie heißen.
BEATRICE	Über den Rechten.
JASON	Wir werden eine schlechte Nachrede bekommen.
BEATRICE	Ich hole Glanzpapier, ich weiß jetzt auch die dritte: Getümmel.
JASON	*während man Schritte und das Falten von etwas steifem Papier hört* Getümmel? Getümmel, Getümmel. Das geht.
BEATRICE	Sie müssen mir den Tisch ans Fenster schieben helfen. *Scharren* Tüm mit zwei M?
JASON	Zwei M.
BEATRICE	Getümmel. Waldeslust, die weiß ich selber. Und die dritte. Ich nagle sie jetzt fest. *Hämmern* *von oben* Hier springt die Wand.

JASON	Nur Mut!
BEATRICE	*mit einem Nagel zwischen den Lippen* Da haben Sie recht.
JASON	*in das Hämmern* Waldeslust ist doch gut.
BEATRICE	*noch immer mit dem Nagel* Was sagen Sie?
JASON	Waldeslust ist gut.
BEATRICE	Ich bin jetzt bei Getümmel.

Das Hämmern beginnt wieder und wird wieder unterbrochen

JASON	Woran denken Sie?
BEATRICE	An Stettin. Vorgärten, das Sirren von Drähten und wie der Name in der Luft steht. Stettin – Stettin – Stettin. Louisa hat den Teeläufer mitgenommen.
JASON	*ärgerlich* Vorgärten!
BEATRICE	Um die Schultern, für die Reise.
JASON	Ja, das sieht ihr ähnlich.
BEATRICE	Ich hätte es auch getan an ihrer Stelle.
JASON	Soll ich weiterhämmern?
BEATRICE	In der Luft ist es kalt.
JASON	Verdammtes Biedermeier.
BEATRICE	Wenn ich denke, wie gemütlich wir es eben hatten. Noch vor zwei Stunden.
JASON	Sie sollen weiterhämmern!
BEATRICE	Simplizius, Louisa, Sie und ich. Hier im Salon, bei allen Differenzen. Wir waren beisammen, wir bereiteten Tee vor. Und jetzt?

JASON	Ich lasse jetzt den Tisch los. Sie wissen, wie locker das eine Bein ist.
BEATRICE	Nicht!
JASON	Beatrice!
BEATRICE	Jetzt drohen Sie sogar, den Tisch umzuwerfen.
JASON	Das ist nicht wahr.
BEATRICE	Gleich werden Sie fort sein.
JASON	Ich werde nicht fort sein. Mein Fehler war immer noch die Anwesenheit.
BEATRICE	Und ich? Was soll ich dann der Kurverwaltung sagen?
JASON	Sie sollen jetzt zu Ende hämmern, Beatrice. Noch zwei Nägel.
BEATRICE	Wie rasch sich alles eintrübt. *In der Ferne Blasmusik erschrocken* Die Kurkapelle *Beide horchend* Rosen aus dem Süden.
JASON	Beatrice!
BEATRICE	Ich mache schon fertig. Aber werden Sie mich dann in Schutz nehmen?
JASON	*während sie wieder zu hämmern beginnt* Wir gehen dann den Strand hinauf und wünschen gute Nacht. *Ein Wirbel von Gehämmer*
BEATRICE	Fertig. Ich hole meinen Mantel, nehmen Sie den Tisch fort! Einfach in die Mitte. Ich helfe, warten Sie. *Im Freien, gegen den Wind*
JASON	Nichts vergessen?

BEATRICE	Nichts.
JASON	Haben Sie Tagebuch geführt, Beatrice?
BEATRICE	Nur ein Ausgabenbuch über Tee-Einkäufe. Noch viel früher eins mit Bemerkungen wie IREN KÖNNEN ALLES oder VERGNÜGTE MICH GESTERN. Das klang alles so ähnlich.
JASON	Sind Ihre Füße warm?
BEATRICE	Sehr warm.
JASON	Die Musik hat jetzt aufgehört.
BEATRICE	Die ruhen sich aus. Der Pavillon ist auch zugig. Guten Abend!
JASON	Wer war das?
BEATRICE	Der Bratschist. Guten Abend, guten Abend! *Bricht in Gelächter aus* Gute Nacht! Nein, ich kanns nicht. Immer dasselbe! Ich kann nicht immer dasselbe sagen.
JASON	Sie sollten Ihren Schal nehmen, Beatrice.
BEATRICE	Ich nehme ihn schon. Und die Anstecknadel.
JASON	Worüber lachen Sie?
BEATRICE	Über Napoleon.
JASON	Beatrice!
BEATRICE	Wirklich.
JASON	So sagen Sie mirs doch.
BEATRICE	Über Napoleon. Und seine Hafenbecken.
JASON	Über Napoleon.
BEATRICE	Ja.
JASON	Und seine Hafenbecken?

BEATRICE	Ja.
JASON	Ein Taschentuch?
BEATRICE	Ja.
JASON	Wir gehen jetzt unauffällig weiter.
	Beatrice lacht zu Ende

Es ist in diesem Spiel von drei Schwestern
die Rede. Sie heißen Rosalie, Anna,
Josepha. Eine der Schwestern kann es
nicht lassen, zu erfinden: Krankheiten,
Landstriche, einen zweiten päpstlichen
Gesandten. Sie erfindet, was es gibt,
Mütter und Söhne, die Stadt Cannes, die
Finsternis. Ihre Erfindungen glücken
nicht immer, und sie muß Vorwürfe von
ihren Schwestern einstecken, bis sie sie
fortschickt, zurück in die Übereinkünfte,
in die Erinnerung an das Mutterland, in
ihre alten Wohnungen, auf ihre alten
Strecken mit den alten Bekannten. Haben
diese Schwestern existiert oder hat sich
die eine die beiden anderen, die ältere
und die jüngere, zum Trost erschaffen?
Sicher ist: Sie ruft sie nicht zurück,
als ihre Erfindungen über ihr zusammen-
schlagen.

Die Schwestern Jouet

Personen
ROSALIE JOUET
JOSEPHA JOUET
ANNA JOUET

Im Freien

JOSEPHA	Was hat Rosalie gesagt?
ANNA	Erde.
JOSEPHA	Das war unvorsichtig von ihr.
ANNA	Was meinst du?
JOSEPHA	Ich meine, kaum sagt sie es, stapelt es sich schon auf, liegt in Streifen herum, in Bergen, Buckeln, Wellen. Was du willst.
ANNA	Laß es doch.
JOSEPHA	Dort ist ein neuer entstanden.
ANNA	Das ist die Sonne.
JOSEPHA	Ist die auch noch da? Verdirbt einem den Blick.
ANNA	Der dort drüben ist neu.
JOSEPHA	Das sage ich ja.
ANNA	Ein Landstrich. *Als Josepha schweigt* Es tanzen schon Einheimische darauf.
JOSEPHA	Alles ihr Verdienst. Unsere liebe Schwester.
ANNA	Laß sie doch.
JOSEPHA	Unsere liebe Schwester erschafft sich die Welt. Landstriche, Kaliwerke. Bis zu den Fahnen der päpstlichen Botschafter.
ANNA	Und? Weshalb sollte sie nicht?
JOSEPHA	Aus Rücksicht.
ROSALIE	*frisch* Hier bin ich wieder. Es war schön, so kalt. Der päpstliche Botschafter ist krank geworden.
ANNA	Hörst du?

ROSALIE	Ich sah ihn durchs Fenster. Ich fragte ihn WIE GEHT ES, EHRWÜRDEN? GUT, GUT, MEIN KIND. WAS MACHEN DIE MAGNO-LIEN, DIE ICH IHNEN BRACHTE? DIE BRACHTEST DU, IST DAS WAHR? DAS IST WAHR.
JOSEPHA	Wahr.
ROSALIE	Er sagte WENN DAS WAHR IST, SCHENKE ICH DIR EINE. UND NOCH EINIGE ÄPFEL.
ANNA	Wo hast du sie?
ROSALIE	Wir kamen ab.
JOSEPHA	*scharf* Wohin?
ROSALIE	Frühe Schriften.
ANNA	Was?
ROSALIE	Gepinselte Kehl-, Rachen- und Lippen-laute. Eine Leidenschaft von ihm. *Gäh-nend* Er sprach lange.
JOSEPHA	Ich will dich etwas fragen, Rosa. Hast du den Landstrich erfunden, Ost-Nord-Ost, zweihundertzwanzig zu sechstau-send?
ROSALIE	*kauend* Der ist alt.
JOSEPHA	Gestern?
ROSALIE	Ja, vielleicht gestern. Ich dachte nicht, daß etwas daraus wird. Wächst er?
ANNA	Sie stecken ihn schon ab.
ROSALIE	Und was wollen sie pflanzen?
ANNA	Sie tanzen darauf.
ROSALIE	Wenn das der Botschafter wüßte. Er wäre gleich da. Stünde von seinem Krankenla-

	ger auf, hüllte sich in Baumwolle. A ma très chère Delphine.
JOSEPHA	Hör zu erfinden auf!
ROSALIE	Eine Grabschrift, ehrlich.
JOSEPHA	Das sind Anfänge.
ROSALIE	Ich freue mich, wenn sie tanzen. Die Köpfe oben und auf und ab, auf, ab und weiter, hört ihr? Vielleicht gehe ich gleich hinüber.
ANNA	*hastig* Bleib hier, Rosalie, zeige es uns! Laß uns mit dir – die neue Welt –
ROSALIE	Ihr wart dabei. Zweimal.
JOSEPHA	Meinst du bei der Salzlauge, die gleich wieder vertrocknete?
ROSALIE	Weil ihr fortgingt. Und der Erdnußberg?
ANNA	Ein Schalenberg.
ROSALIE	War das nichts? Schalen ohne Nüsse und so hoch aufgeschichtet wie, ich weiß nicht wie, aber hoch. Und dazu zwei Mädchen in gefärbten Kitteln, die sammelten, suchten nach Nüssen.
JOSEPHA	Wußten nicht, daß du die Schalen für sich gemacht hattest, mit Rillen und Brüchen, und kamen fast unter den Berg. Die haben Anna und ich hervorgezogen, während einer in einem steifen Hut um die Schienen bog und sich nicht umsah. Dreimal. Er muß auch von dir gewesen sein.
ANNA	Die armen Wesen spuckten, sahen bleich aus.

JOSEPHA	Und wurden von uns verpflegt, von dem lumpigen Tee, den wir noch hatten.
ROSALIE	Von euch, da habt ihrs.
JOSEPHA	Und wenn sie nicht davongekommen wären, deine beiden? Wenn wir keinen Tee für sie gehabt hätten? Keine Pflaster für die Risse an den Fingern?
ROSALIE	Fragen, Fragen.
ANNA	Aber dann liefen sie gleich weg, frisch und gestärkt, mit Pflastern, so eilig und lustig. Ja, lustig! Man kann es nicht anders nennen.
ROSALIE	Nenn es nur so.
ANNA	Der mit dem Hut bog noch einmal um die Schienen, gleichmäßig wie vorher.
JOSEPHA	Ich sage dir, hör auf zu erfinden, Rosa!
ANNA	Aber es störte mich nicht. Siehst du, Josepha, rief ich, wenn wir nicht gewesen wären!
JOSEPHA	Und dann riefst du: Das sind unsere Freuden!
ROSALIE	*lacht* Arme Josepha!
JOSEPHA	Vor uns türmte sich der Schalenberg, und wir hatten nur die Wahl: Sollten wir warten, bis du den nächsten erfändest, der Lust bekäme, sich daran satt zu essen. Oder nicht.
ROSALIE	Ich erfand keinen mehr. Der immer um die Schienen ging, war der Vater. Das reichte mir.

JOSEPHA	Seither hast du 62 Neue erfunden.
ROSALIE	Mit den dazugehörigen Ländern. Das habe ich getan. Sollten sie keine Länder haben oder wenigstens Hühner? Falter über ihren Gemüsebeeten?
	Klatschen und Trommeln in der Ferne
JOSEPHA	Das hört sich anders an.
ROSALIE	Strohsäcke, Sternsagen, Lesebücher aus dem Mutterland?
JOSEPHA	Schluß jetzt!
ANNA	Ja. Bring sie nicht in Zorn, Rosa.
ROSALIE	Meine letzten elf sind ganz munter.
JOSEPHA	Und dann noch das Mutterland ins Spiel bringen. Du. Das Mutterland.
ROSALIE	Diese alte Wüste. Unerfindbar.
JOSEPHA	*fast weinend* Hörst du, Anna? Merke dir das alles, behalte es im Gedächtnis!
ROSALIE	Mehr kannst du auch nicht damit.
ANNA	Ich erinnere mich noch. Süße Quellen.
ROSALIE	Ja, ja!
ANNA	Pferderennen, der Knall, wenn die Tontauben zerbrachen, das Gelächter der jungen Rekruten.
ROSALIE	Die erfinde ich nicht.
JOSEPHA	Und deine Tänzer da drüben? Deine kleinen Kannibalen mit ihren Salzaugen?
ROSALIE	Die Meinen?
JOSEPHA	Und die eingerollten Fahnen, die lauen Stürme im Botschafterviertel, dein Gesandter mit seiner Verkühlung?

ROSALIE	Der Gute.
JOSEPHA	Die Fischweiber, die über die aufgeplatz-ten Gedärme der Muränen lachten.
ROSALIE	*verstimmt* Das ergab sich.
ANNA	Die Leber soll giftig sein.
JOSEPHA	Finde nur Gründe für sie, laß sie weiter erfinden! Dschunken, Hausflure, neue Völker.
ROSALIE	Von den Fischweibern habe ich nur die erfunden, die ernst blieben. Ich meine die eine, diejenige, die dahinter stand.
JOSEPHA	Meineide, schon mit neun.
ROSALIE	Erinnert ihr euch, die mit dem braunen Rock? Sie lachte nicht.
JOSEPHA	Ich sah keine, die nicht lachte.
ROSALIE	Die nur den Rock anhatte, meinst du die?
JOSEPHA	Und ihn aufhob und sich den Mund damit wischte?
ROSALIE	Sie lachte nicht.
JOSEPHA	Weil sie von dir war? Hast du das platte Gesicht mit erfunden? Und wer weiß, warum sie nicht lachte? Und weshalb hätte sie nicht lachen sollen?
ROSALIE	Ja, weshalb?
ANNA	*eifrig* Das wüßte ich.
JOSEPHA	Du, du! Du willst Rosalie unterstützen, du bewunderst sie schon lange. Starrst sie begierig an, wenn sie an den Gräbern ihrer dunklen Colonels lehnt und neue Erfindungen ausheckt.

ANNA	Aber ich weiß es, Josepha, die Frau blieb ernst. Ich drehte mich um, als du fragtest, was das wäre und auf die aufgetriebenen Fische zeigtest. Sie verzog das Gesicht nicht. Sie hat auch einen Kleinen im Baptistenkindergarten. In der unteren Abteilung.
JOSEPHA	Einen Kleinen bei den Baptisten!
ANNA	Ich kenne sie.
JOSEPHA	Wann hast du ihn erfunden, Rosalie?
ROSALIE	Zugleich mit ihr, kurz nach der Regenzeit. Ich glaube, es war ein Mittwoch. Er ist hübsch.
ANNA	Sie holt ihn jeden Tag. Immer um fünf.
JOSEPHA	Und was versprachst du dir von ihm, als du ihn erfandest?
ROSALIE	*verwundert* Mir? Nichts. Es ist möglich, daß er auch einen schwachen Charakter hat.
ANNA	Das glaube ich nicht.
JOSEPHA	Anna weiß es wieder.
ANNA	So wie er seine Mutter an der Hand hält und die Cafés entlanggeht.
ROSALIE	Er hat schlechte Augen. Kurzsichtig, glaube ich.
JOSEPHA	Dann erfinde ihm Gläser.
ROSALIE	Nein.
JOSEPHA	Ein Wort.
ANNA	Oder erfinde ihm breite Schultern, kräftige Arme, einen berechtigten Stolz! Ein schönes zweifarbiges Hemd?

ROSALIE	Das habe ich versucht.
JOSEPHA	Hörst du? Versucht. Einen kleinen Jungen für den Baptistenkindergarten versucht. Sie weiß nicht, was daraus wird, aber sie versucht es immerhin. Das ist schon etwas. Hat keine Ahnung von den großen Gesetzen, aber sie versucht es.
ROSALIE	Ich frage mich auch oft: Wird er Eier vertragen? Und das alles.
ANNA	Kennt er dich?
ROSALIE	Unmöglich ist es nicht.
ANNA	Und hast du auch den Baptistenkindergarten erfunden, Rosie?
ROSALIE	Kanntest du ihn nicht? Er war schon da.
JOSEPHA	Wie manches andere. Aber er könnte von dir sein mit seinem grellen Anstrich. Mit seiner unteren und seiner oberen Abteilung.
ROSALIE	Ja, was nicht alles von mir sein könnte. Aber du hast recht, er könnte von mir sein. Ein paar Schnörkel weniger an der Dachrinne, einige Sandeimer mehr für die untere und für die obere Abteilung –
JOSEPHA	Hüte dich, Rosa!
ROSALIE	Und er wäre ein Gegenstand meines Stolzes, aber ich lasse es. Ich wiederhole mich auch nicht gerne.
JOSEPHA	Wiederholen!
ROSALIE	Er hat Ähnlichkeiten mit der kleinen Giraffe, der ich im März das Leben

schenkte. Das blättrige Aussehen, den
Heißhunger.

JOSEPHA   Die Abteilungen. Ich hätte gleich wissen
              müssen, daß sie von dir war.

ANNA   Sie ist ihr gelungen, Josepha!

JOSEPHA   Gelungen? Kein Morgen, den sie nicht an
              unserem Dornenstrauch roch, unser
              Lager beschnupperte und ihren Kopf an
              unseren Kamelhaardecken rieb. Der
              Schrecken aller Expeditionen seither.

ANNA   Ich freue mich, so oft ich sie sehe.

JOSEPHA   Die lästigste und widernatürlichste
              Giraffe meines Aufenthalts hier, hat sie
              Gefährten?

ROSALIE   Noch nicht. Aber ich denke daran.

JOSEPHA   Ihr Hals ist zu kurz.

ROSALIE   Mit Absicht.

ANNA   Frißt sie Hagebutten, Rosie?

ROSALIE   Ja, Hagebutten.

ANNA   Dann ist sie es.

JOSEPHA   Und die Hagebutten? Nimmst du
              einfach. Machst dir nicht die Mühe, sie
              zu erfinden, wie ich dich kenne.

ROSALIE   Sie hat Mühe genug, sie zu fressen.

JOSEPHA   Bedienst dich einfach der lieblichen
              Dinge, die da sind?

ROSALIE   Sie kratzen im Hals, ich hätte Veilchen
              nehmen müssen, oder Jasmin, ich meine
              den hiesigen. Aber sie klagt nicht.

JOSEPHA   Da kommt sie.

171

ANNA	Wie sie hüpft. Ehe ihre Beine über den Horizont sind, erkenne ich sie.
ROSALIE	Sie strebt zu den Tänzern.
ANNA	Die tanzen jetzt nicht mehr.
ROSALIE	Das sehe ich.
ANNA	Werden sie nicht versuchen, sie niederzumachen? Werden sie sie nicht jagen, Rosie?
ROSALIE	Als ich sie erfand, habe ich ihnen eingeflüstert, daß Giraffenfleisch zäh und schädlich und das Fell häßlich ist.
ANNA	Ob sie dir glauben?
ROSALIE	Es sieht aus, als berieten sie sich. Einer ist auf einen Stein gestiegen. Der lange Samson!
JOSEPHA	Namen.
ANNA	*neugierig* Woher nimmst du sie?
ROSALIE	Sie stehen herum. Im Sand, auf Leinensäcken, auf den Denkmälern. Ich treffe schon meine Wahl.
JOSEPHA	Er hat eine kräftige Stimme, dein Samson.
ANNA	Was sagt er? *Als Rosalie nicht antwortet* Sag es uns, Rosa!
ROSALIE	Er ruft meine Giraffe, er nennt sie das zusammengesetzte Tier, er fragt sie, wie es ihr gelungen sei, sich über den Rand der Wüste zu schwingen.
ANNA	Und sie?
JOSEPHA	Erklärt es ihm. *Horchend* Mit Hilfe ihres Halses, ihrer Beine, des Rückgrats. Sehr gut.

ANNA	Sie krächzt jämmerlich.
ROSALIE	Mit Hilfe des Wüstenrandes selbst, der ihr als Stütze diente. Das war das Beste.
JOSEPHA	Es war schwach.
ROSALIE	Ach ja, Josepha.
ANNA	Sie sind jetzt still.
JOSEPHA	Das macht für uns wenig Unterschied.
ROSALIE	*ruhig* Was willst du?
JOSEPHA	Ich wehre mich. Ich bin nicht Anna, die geduldig darauf wartet, daß du noch mehr Kannibalen herzauberst, Zisternen, die uns Durst einjagen, Botschafter mit Verkühlungen. Oder bis ein früher Nachmittag, von dir erfunden, Lust auf meine letzten Freuden bekommt. Ich will auch dein Geheimnis nicht wissen, deine Tricks, sollte ich sagen, ich will mich nicht mit verstorbenen Unterhäuptlingen einlassen, die es nötig hatten, Colonels zu werden. Und nicht um den Himmel selbst möchte ich dieses lächerliche Tier da drüben erfunden haben, deinen Samson mit seinen Baumstümpfen oder den Namenlosen für den Baptistenkindergarten.
ROSALIE	Bergson heißt er.
JOSEPHA	Das ist nicht wahr.
ROSALIE	Er wird sich freuen.
JOSEPHA	Er wird sich freuen. Ob er die erste Handvoll Sand ins Gesicht bekommt

oder die letzte Schmeichelei, die ihn
abtut, er wird sich freuen. Ob Scharlach
oder Krätze, Maulseuche oder die
Gestellungsbefehle seiner unermüdlichen
Vaterländer – er wird sich freuen. Er wird
sich immer sagen ICH HEISSE BERGSON.

ANNA   Es ist wahr, Rosie, willst du ihm keinen
              gebräuchlicheren Namen geben? Ossey-
              nou oder Jean? Unlängst las ich, Papa
              David wäre jetzt auch gut, Sabine käme
              seit kurzem für männliche Erstgeborene
              in Frage. Alles mögliche.

ROSALIE   Er heißt Bergson. *In verschiedenen
              Stimmlagen* Bergson, Bergson.

ANNA   Ein Name ist wie eine Nase. Ich bin für
              zweite Namen.

ROSALIE   Bergson Paul.

ANNA   Bergson Paul!

ROSALIE   Wir wollen ihn Bergson Paul nennen.
              Den kleinen Bergson Paul. Furchtbar.

ANNA   Du siehst, daß mit ihr zu reden ist,
              Josepha. In Güte.

ROSALIE   Gute Anna. Aber er wird es für dich auf
              sich nehmen. Bergson Paul. Bei der
              ersten Krätze wird ers noch nicht
              bemerken. Und bei der letzten wird er
              sich daran gewöhnt haben. Für Anna
              werde ich ihm sagen, wenn er zu klagen
              beginnt, für Anna. Fur Anna kannst du
              es tun. Wenn er dann in Cannes an Land

geht, schlenkernd, ein Seemann, Bergson
Paul –

JOSEPHA   Wo wirst du ihn an Land setzen?

ROSALIE   Immer wird es in seinen Ohren klingen.
Für ANNA!

ANNA   Cannes, wo ist das?

ROSALIE   Bis dahin ist es da.

JOSEPHA   Rosalie ist schon mehr gelungen.

ROSALIE   Auf den Antillen oder entgegengesetzt.
Es wird seine Schwierigkeiten haben,
aber du hast recht, Josepha: Es wird mir
gelingen.

JOSEPHA   Kein Zweifel.

ROSALIE   Vor drei Jahren gelang mir ein Neujahrs-
wunsch am besten. Damals wußte ich
noch nichts von Bergson Paul.

ANNA   Ich wünsche dir Glück für Cannes, Rosa,
daß es schön wird! Mit Wappen,
Schalttafeln und mit noch mehr Dingen
des Lebens.

ROSALIE   Vielleicht nehme ich steinige Strände auf
mich, etwas Teer, Marinespitäler wie
überall, es wird Bergson nicht stören. Du
hast recht, Anna, wünsche uns Glück!

JOSEPHA   Ja, wünsche ihr Glück, wünsche ihr nur
Glück! Ich stelle mir vor, daß es eine
Station für Kannibalen wird, eine der
vielen, denen Rosalie ihre Erfindungsgabe
geliehen hat. Und noch leihen wird,
solange wir es zulassen. Mit Wappen,

Schalttafeln, vielleicht noch einer Pfauen-
feder am Landungssteg. Oder soll es ein
gewöhnlicher Hahn sein, der an dich
glauben muß?

ANNA   Solange wir es zulassen? Was willst du
            sagen, Josepha? *Erschrocken, verändert*
            Was ist das?

JOSEPHA   Was ich sagen wollte.

ANNA   Sie hat recht, Rosa, sie kommen näher.
            Sie führen die Giraffe in ihrer Mitte, sie
            drohen uns. Rosa, Rosa!

ROSALIE   *ruhig* Sie wollen mich etwas fragen.

JOSEPHA   *zornig* Dann halte sie davon ab.

ROSALIE   *schnalzt mit der Zunge*

JOSEPHA   Du bedrohst uns mit deinen Erfindungen.

ROSALIE   Ich habe sie aufgehalten.

ANNA   Sie sind aber jetzt näher. Meinst du, daß
            sie dort bleiben, Rosie? Oder daß sie zu
            ihrem alten Landstrich zurückstreben
            werden?

JOSEPHA   *Anna nachäffend* Meinst du, daß sie nach
            Südosten streben oder nach Südwesten,
            Rosie? Oder meinst du, daß sie gleich bei
            uns sein werden? Um uns, unter uns?
            Wenn du mich fragtest, Anna, ich könnte
            es dir sagen.

ROSALIE   Es ist ihr Landstrich, sie haben ihn
            vergrößert. Der dornige Weg – aber gut.
            Jetzt müssen sie ihn abstecken. Sie
            werden Arbeit haben.

ANNA	Ob es nicht doch besser wäre, jetzt die Körbe zu packen und zur Stadt zurückzukehren? Es war ein hübscher Ausflug und auch belehrend, ich bin immer wieder für den südlichen Wüstenrand. Man sitzt hier besser, selbst wenn es gegen Abend feucht wird, die Dornenbüsche geben hier mehr Schatten als im Norden, zuletzt kehrt man lieber heim. Du siehst auch Bergson wieder. Wenn wir uns jetzt aufmachen, sind wir gerade um fünf am Baptistenkindergarten. *Aufatmend* Es war gut, daß wir den Nachmittag genommen haben.
JOSEPHA	Für uns wäre es jetzt gut, wenn wir Angst hätten. Angst, Angst, Angst, genug Angst und noch mehr Angst vor unserer Schwester und vor ihren Plänen. Wer begann mit diesem Ausflug? Wer erwähnte ihn so beiläufig wie möglich, als wir im Buchladen standen und ich die schlechte Rosetti-Ausgabe zurückgeben wollte?
ROSALIE	Vier Seiten verdruckt, von der Übersetzung abgesehen.
JOSEPHA	Wer begann zu laufen, damit wir noch rechtzeitig allen Proviant bekämen, wer hat den Wagen gemietet, den Fahrer gewählt und solange wir noch unentschieden waren, immer wieder den

	kühlen Lufthauch ins Gespräch gebracht, der heute den Wüstenrand auszeichnet?
ROSALIE	Den südlichen.
ANNA	Das habe auch ich, Josepha, erinnere dich! Ich sagte es auch. Sind wir denn zum ersten Mal hier? Hat nicht jede von uns an diesem Dornenstrauch einen Lieblingszweig für Hut und Mantel?
JOSEPHA	Ich nicht mehr. Seit mein Mantel in Fetzen ging und meinen blauen Strohhut Aasgeier holten. Und das ist lange her.
ANNA	Rosa hat dir einen neuen gekauft.
ROSALIE	Der alte war nichts. Zu rund für deinen Kopf.
ANNA	Erzürne sie nicht, Rosa! Und lacht nicht, ich bitte euch, lacht nicht wie ihr jetzt lacht! Man soll im Zorn nicht lachen. Willst du mein Tuch, Josepha?
JOSEPHA	*dumpf* Nein.
ANNA	Ich liebe diesen Flecken Sand. Und ihr auch. Ihr wißt es.
JOSEPHA	Was hast du mit uns vor, Rosa? Willst du Seilereien für Stricke am unteren Küstenstreifen erfinden? Oder Webereien für Seidenbänder, die uns den Hals abschnüren sollen? Kanus, die nicht ausgelotet sind, für die berühmten Spazierfahrten, ein Stickstoffwerk im Osten mit dem dazugehörigen Westwind? Womit wirst du die allmächtige Natur noch bereichern?

	Mit zu lang geratenen Alligatoren, einer jungen Seuche unbekannter Herkunft? Willst du einer neuen Art der Flußwirbel auf die Sprünge helfen?
ROSALIE	*mürrisch* Sei endlich still.
JOSEPHA	Oder genügt die kleine Gruppe dort drüben, die so sorgsam ihr Land absteckt? Mit geschälten Ästen, nein, Stäben, geschält und zugespitzt und lang genug, um noch viel mehr Länder abzustecken? Anna hat recht, es ist ein guter Ort. Wenigstens, um zu erfahren, woher der Wind weht. *Nach einem Augenblick* Sie sind übrigens schon wieder näher gekommen. Tun zuweilen, als berieten sie. Aber sie beraten nichts. Man sieht jetzt auch die eingeschnittenen Muster in den Stäben.
ANNA	Hübsch. Nicht wahr Rosie, Josepha?
JOSEPHA	*erschöpft* Dein Schönheitssinn, Rosalie. Haben wir noch Tee?
ANNA	Da , nimm Josepha, stärke dich! Sieh hinüber, wie schön Rosies Giraffe geraten ist. Wie alles glänzt.
JOSEPHA	Sie haben ihr die Beine gebunden.
ANNA	*entsetzt* Aber weshalb. Rosalie?
ROSALIE	Weiß der Teufel. *Sie schnalzt mit der Zunge*
ANNA	Hören sie dich?
JOSEPHA	Oder kommen sie schon ohne dich aus?

ROSALIE	*schnalzt noch einmal, dann ruhig* Jetzt.
ANNA	Sie binden sie los. Aber es wäre nicht nötig gewesen, uns so in Schrecken zu setzen. Sind sie nicht hellhäutig, Rosa? Ich dachte, es wären Farbige?
ROSALIE	Entfärbt, ungefärbt, farblos, buntlos, not coloured. Ich kenne mich nicht aus. Wer sagte etwas von AUF DIE SPRÜNGE HELFEN?
JOSEPHA	Samson ist dunkel.
ANNA	Sie werden schon wieder gehen.
JOSEPHA	Ach wo. Aber ich werde gehen. Ich werde nach dieser Landpartie eine lange Nacht brauchen. Und die Früh darauf wird auch nicht besonders sein.
ROSALIE	Wir Entfärbten. *Als ahmte sie eine Predigt nach* Von uns ist die Farbe genommen worden wegen unserer Sünden.
JOSEPHA	Ich werde auch nicht warten, bis ihr entschlossen seid. Ich warte, bis der Tee mich gekräftigt hat. Dann gehe ich zum Tempel und nehme den Autobus.
ROSALIE	Wir kommen auf ein Denkmal. Wegen guter Haltung bei, ich weiß nicht, wobei.
ANNA	Der Wagen ist bestellt, Josepha, ich gehe ihn gerne holen. Es kostet dasselbe, ob wir ihn zu zweit oder zu dritt nehmen.
JOSEPHA	Dann nehmt ihn zu zweit.
ROSALIE	Links, rechts, unten. Darüber das Relief

	eines anderen. Wenn ich nur wüßte, wessen Relief.
ANNA	Ich möchte auch gehen. Ich war es, die zuerst von Aufbruch sprach.
JOSEPHA	Du wirst nie ohne Rosalie nach Hause fahren, Anna. Ihr seid euch einig.
ANNA	Ich wüßte nicht, worüber.
JOSEPHA	Um so ärger.
ANNA	Oder weißt du, worüber ich mit dir einig bin, Rosalie?
JOSEPHA	*lacht*
ROSALIE	Manchmal sehe ich mich als Kohlenrost für etwas, das noch gebraten werden soll. Eine halbe Ziege, ein Kalb. Oder als Spieß. *Sie schnalzt mit der Zunge* Schon wieder. Ich weiß nicht, welches Vergnügen es ist, jemandem die Beine zu binden. Knapp über den Hufen.
JOSEPHA	*scharf* Gib acht, Rosa.
ROSALIE	Ich gebe schon acht.
ANNA	Möchte noch jemand Tee oder soll ich die Flasche zuschrauben?
ROSALIE	Ich möchte nichts.
JOSEPHA	Rosalie braucht nichts. Sie erfindet sich den Tee als zu sich genommen ohne den mühseligen Umweg über die Lippen.
ROSALIE	Vor allem Huhn und Schinken. Ohne den mühseligen Umweg über Huhn und Schinken. Und Weißbrot. Ich hasse das Gerede vom Anbauen. Wogende Felder.

JOSEPHA	Und die da drüben? Sollen sie eine Pflanzung errichten, vielleicht nach dem Muster von 1876? Äcker umgraben? Ein Dorf, eine Feuerstelle? Oder läßt du sie nur ihr Land abstecken und es verschwinden wie die wogenden Felder vom Januar? Ich gehe jetzt zum Tempel und nehme den Autobus.
ROSALIE	Dieses Gerede!
	Das Rauschen von Kleidern
ANNA	*zögernd* Ich muß Josepha recht geben, Rosie.
ROSALIE	Es sieht nach Flucht aus.
JOSEPHA	Wo ist mein Schal? Und wer wird die Decken nehmen?
ROSALIE	Das Zelt abpflocken und so fort? Eure vergessenen Teelöffel einsammeln, Zucker- und Salzdosen?
JOSEPHA	Ich überlasse das deiner Erfindungsgabe. *Wütend* Deinem Feengeschenk. Unternimm eine Reise mit unserem Wagen, mach es dir lustig. Erfinde dir einen zweiten dazu, andere Maßverhältnisse, drei Viertel, das Anderthalbfache unserer Größe.
ROSALIE	*kauend* Mm.
JOSEPHA	Für deinen Samson passend.
ROSALIE	Oder für Bergson und seine Mutter.
JOSEPHA	Wie du möchtest.
ROSALIE	Dein Kleid ist zerrissen.

JOSEPHA	*wird von einem Hustenkrampf geschüttelt*
ROSALIE	Soll ich dir einen Flicken darüber erfinden?
JOSEPHA	*noch immer hustend* Nein.
ROSALIE	Mir wäre danach.
JOSEPHA	*erbittert* Das glaube ich. *Schon entfernt* Aber merke dir eins, Rosalie, mir ist alles lieber ohne deine Erfindungen. So wie es ist. Auch die Beulenpest.
ROSALIE	Da geht sie.
ANNA	Sie hat ihr Geld vergessen. Josepha!
ROSALIE	Ich erfinde es ihr in der Tasche.
ANNA	Josepha!
ROSALIE	Während wiederum du vergessen hast, sie zu begleiten. Ich möchte wissen, wie sie mit ihrem schleppenden Kleid in den Autobus steigt, von Helfern umringt. *Josepha nachahmend* Vielen Dank, herzlichen Dank, es wäre aber nicht nötig gewesen, Herr Clermont, fahren Sie auch die Strecke?
ANNA	Es könnte schon sein. Dieser Clermont aus der Buchhandlung geht gegen Abend manchmal in den Tempel. Zurück nimmt er den Autobus.
ROSALIE	Es wird ihr nicht angenehm sein, wenn er den Riß im Kleid sieht.
ANNA	Er wird ihr helfen.
ROSALIE	DIE UNORDENTLICHEN SCHWESTERN,

183

wird er denken. WEIT IST ES MIT DENEN
GEKOMMEN.

ANNA Das wird er nicht denken.

ROSALIE FAHREN SCHON MIT ZERFETZTEN RÖK-
KEN DEN WÜSTENSAUM ENTLANG, DIESE
ZWERGTRAPPEN. WENN ICH DENKE, WAS
DIE FÜR EHRENWERTE GROSSVÄTER
HATTEN.

ANNA Das weiß er nicht.

ROSALIE Aber er denkt es. UND SELBST WENN AN
DEN GROSSVÄTERN NOCH EINIGES AUS-
ZUSETZEN WAR, SO WAREN DOCH DIE
GROSSONKEL ERSTKLASSIG. JAKOB ZUM
BEISPIEL, AUS DER AUVERGNE, UND
EDUARD AUS DEM HESSISCHEN, VON
SALOMON ABGESEHEN, DER DIE PFEIFE
LINKS RAUCHTE, MIT DER LOMBARDI-
SCHEN VERWANDTSCHAFT UND DEN
KÖNIGSGESCHLECHTERN IM HINTER-
GRUND. MAN SOLL DEN ERDTEIL NICHT
WECHSELN, ES GEHT AN DEN GROSS-
NICHTEN AUS. WAS KÖNNTEN DIE ZU
HAUSE AN DEN BLÜHENDEN FLÜSSEN
ALLES TREIBEN? UND HIER? STOPFEN SIE
HAFER IN DIE SCHUHE. ODER BETT-
FEDERN.

ANNA Hafer und Bettfedern sind das beste
während der Regenzeit, wie soll man
seine Schuhe sonst trocknen? Und seit
wann ist es mit uns so weit gekommen,

seit wann können wir die Morgenzeitung nicht mehr halten und in die Schuhe stopfen, sobald sie feucht sind? Seit wann lungern wir nur noch an Mauern herum oder stehen an windigen Ecken und überlegen, welchen Wagen wir nehmen sollen, welchen Fahrer für welche Landpartie, die wir uns rechtmäßig nicht mehr leisten können?

ROSALIE Ja, ja.

ANNA Ich bitte dich, hör auf zu erfinden, Rosie!

ROSALIE Jetzt fährt der Autobus. Und Herr Clermont sitzt wahrscheinlich neben Josepha.

ANNA Hör mir zu, Rosalie!

ROSALIE Zuhören, aufhören, ich werde dir neue Vokabeln erfinden.

ANNA *weinend* Nein, nein!

ROSALIE Dann nicht.

ANNA Wie schön es war, als wir noch unseren Stand auf der Handwerksmesse hatten. Wenn dann Josepha nach ihrer Tätigkeit uns unten am Zaun erwartete und wir das Lokal für den Abend besprachen. Wenn wir am Morgen die frisch eingetroffenen Waren sortierten.

ROSALIE Ich habe schon damals erfunden.

ANNA *unter Tränen* Was?

ROSALIE Da und dort eine bessere Anordnung für die Ringe, einen Kunden , der nicht stahl.

Oder nur einen Stein mehr vor meine Füße, eine Bude mit Wollhausschuhen, vor der sie sich sammelten.

ANNA   War das nötig, Rosa?

ROSALIE   So war unser Stand immer gegen die Sonne geschützt. Josepha merkte nichts, sie wartete draußen. Und unsere kleine Anna hat auch nichts gemerkt.

ANNA   Ich hätte lieber die Sonne ertragen.

ROSALIE   Ich ertrage nichts lieber. Mit Absicht. Nur weil mich Josepha zornig machte mit ihrem Gerede aus dem Botschafterviertel – essen leiser, sprechen hübscher, wohnen gerne – erfand ich die päpstliche Botschaft.

ANNA   *sich schneuzend* Es sind jetzt zwei. Man spricht schon darüber. Und weshalb hast du deinem Botschafter die chronische Verkühlung mitgegeben, die ihn ans Bett fesselt und tust jeden Tag, als hätte er sich von neuem verkühlt?

ROSALIE   *kauend* Ungeschickt, er sollte sich aber von den anderen unterscheiden. Ich unterhalte mich auch gerne durchs offene Fenster mit ihm.

ANNA   Ich verstehe dich noch immer nicht, Rosie. Weil Josepha großtat, weil die Sonne schien. Sind das deine Gründe?

ROSALIE   Ja.

ANNA   Genügen sie dir, um uns ins Unglück zu

jagen? Um uns den Ruf der Sonderlich-
keit einzutragen? Was hält man von
jemandem, der päpstliche Botschaften
erfindet. Oder John Donne-Ausgaben,
die nie herauskamen?

ROSALIE   Wir werden es erfahren, liebe Anna.

ANNA   Ich war immer auf deiner Seite, Rosalie.

ROSALIE   Seit Josepha gegangen ist, bist du auf der
deinen.

ANNA   Du bist herzlos, Rosie. Was war das?

ROSALIE   Die Giraffe hat wieder geschrien. Das ist
jetzt zum dritten Mal. Noch ein Versuch,
ihr die Beine zu binden, und ich löse die
da drüben wieder auf.

ANNA   Tu es, Rosie. Wie damals den Acker am
Fischstrand, er paßte auch nicht, und du
hast ihn wieder verschwinden lassen.
Schon nach sieben Minuten.

ROSALIE   Zu rasch.

ANNA   Du hast uns angehört, hast auch unsere
Gründe erkannt.

ROSALIE   Ich muß diesmal vorsichtiger sein.

ANNA   Besinn dich nicht zu spät. Laß die
Giraffe, wenn sie dir lieb ist, aber nicht
die andern. Nicht diesen Riesen mit
seiner Hacke. *Erschrocken* Sie sind schon
wieder näher gekommen, Rosalie. Du
weißt es.

ROSALIE   Wissen, wissen, wissen.

ANNA   Dann siehst du es.

ROSALIE	Das ist auch so eine Sache.
ANNA	Sie werden uns bedrohen. Sie werden uns die Beine ebenso zu binden versuchen wie deiner Giraffe.
ROSALIE	Ich lasse dann vielleicht Bergson kommen. Oder den mit dem Hut, der nicht aufhört, um die Ecke zu gehen. Einen Käfig, einen Erdnußberg.
ANNA	Überschätze dich nicht.
ROSALIE	Nein. Zur Not kann ich auch die zweite päpstliche Botschaft hin versetzen. Über das Ganze. *Ruft* Samson, aufhören! *Nach einem Augenblick* Ich habe ihm unrecht getan. Ich dachte, er wollte jetzt die Giraffe erschlagen, aber er will nur die Erde aufhacken. Das geht. *Nachdenklich* Ackerbauer und Viehzüchter.
ANNA	*einfältig* Das wäre schon recht.
ROSALIE	Unglaublich ist es. *Für sich* Mond, Mond – Butter, Butter – Schuster, Schuster – Reim, Reim.
ANNA	Rosalie.
ROSALIE	*rascher* Braut, Braut – Josef, Josef – grau, grau – *Atem holend* Eimer, Eimer – Strich, Strich –
ANNA	Schluß, Schluß!
ROSALIE	So kann man es auch nennen. *Erschöpft* Ich dachte, daß sich vielleicht ein Hauch zwischen die alten Namen schobe und sie endlich zerfetzte. Aber selbst die

Gebilde aus Luft richten sich noch nach ihnen. Selbst mein Samson. *Spöttisch* Ich glaube, die beginnen jetzt Rüben zu setzen. Aber ich werde ihnen, sollten sie gedeihen, einen Vulkan erfinden, einen eigenen Aschenregen, der sie bedeckt und ihre Formen der Nachwelt erhält.

ANNA Wohin treibt es dich, Rosie? Wenn du alle deine Erfindungen Vulkanen auslieferst, wo sollen die Vulkane Platz finden? Wäre es dann nicht besser, sie verschwinden zu lassen, ehe sie zu sich kommen, ehe sie die luftige Substanz ganz verloren haben? Samson zuerst oder Bergson? Den päpstlichen Gesandten oder die Giraffe? Fang an, Rosalie, fang an, laß sie gehen! Es gibt einen päpstlichen Gesandten in unserer Stadt, wozu einen zweiten? Es gibt Seeleute, die irgendwo an Land gehen, übergenug, wozu Bergson? Es gibt Giraffen in diesem Land, wozu die deine mit dem kurzen Rücken? Falsche Maße, da hat Josepha recht. Von dem Erdnußschalenberg und den beiden Mädchen zu schweigen.

ROSALIE Das waren Versuche.

ANNA Und als solche haben wir sie angesehen. Aber du vervollkommnest dich täglich, du wirst immer besser, Rosie, und das ist

	gefährlich für uns alle. Dein Samson hat Figur.
ROSALIE	*glücklich* Ja?
ANNA	Muskelspiel, bessere Maße, etwas zu groß, aber sonst ist er vollkommen. Wenn der nicht mehr aus Luft ist, bringt er uns um. Mit seiner Rübenhacke, die dann auch nicht mehr aus Luft sein wird. Oder mit einer Angelschnur, einer englischen Büchse, einem Ochsenziemer. Was dir bis dahin einfällt.
ROSALIE	Mir fällt nichts mehr für ihn ein.
ANNA	Seine bloßen Hände genügen auch schon.
ROSALIE	Du bist gut, Ännchen, du wirst auch immer besser. Mit den fortschreitenden halben Stunden oder wie nennt man es? Siehst du, wie erstaunt die Meinen da drüben über die auffliegenden Kraniche sind? Ich glaube, ich muß ihnen die Vogelwelt beibringen, die luftigen Streiche, den Orientierungssinn, die Hühnereier, die Eier an sich. Es könnte sonst sein, daß Samson eins an den Kopf bekommt und ihm das Dotter ungenützt über die Augen rinnt. Sie sind unwissend. Samson!
ANNA	*vorsichtig* Er hört dich nicht.
ROSALIE	Akabu, Tyalides, Midas, Gregorovius! Wie soll ich beginnen, Anna? Wie soll ich die Vogelwelt einleiten? KEIN WELTSCHMERZ, MEINE KLEINEN. Ist das richtig?

ANNA	Ich liebe Vögel.
ROSALIE	Aber wie weiter? SCHON KRONPRINZ RUDOLF SAGTE, DASS ER BEI KORNEU-BURG KEINE MILANE ERLEGT HÄTTE UND ISAAK BABITT ERKLÄRTE IN YALE, DASS MAN SICH VON DER TRAUER ÜBER DAS GESCHÄFT DER BRUTPFLEGE NICHT HINREISSEN LASSEN DÜRFE.
ANNA	Das ist nicht wahr, ich kannte Babitt. Das hat er nicht gesagt.
ROSALIE	ICH BIN VERLOREN, HERR, SAGTE DER KIEBITZ IM MÄRCHEN. Ginge das? Oder soll ich es anders sagen? DIE MANGELNDE ZÄHMBARKEIT DES SCHLANGENSPERBERS BLEIBT FÜR IMMER DES JAGDHERRN UN-WÜRDIG. So. Das ergibt ein allgemeineres Bild, das wird ihnen zusagen. WÄHREND WIEDERUM DIE STURMSEGLER – und gleich darauf SCHON BABITT SAGTE –
ANNA	Laß Babitt fort. Fang mit den Vogelstim-men an. Es wird Samson besänftigen.
ROSALIE	Siksak, Kiwitt, Bibi, Djaudjau.
ANNA	Nicht so.
ROSALIE	Düh dü düll düll lüllül, achachachach.
ANNA	*sich begeisternd* Oder mit den Namen der Vogelkenner, wie sie einander zurufen, von einem Ende der Savanne zum anderen.
ROSALIE	Jerdon, Adams, Azara, Temminck, sind Sie es, Marquis oder der gute von Heuglin? Babitt bliebe jedenfalls aus dem

Spiel. Huddlestone, Hume, Baldamus,
Kalberstein – ich weiß, was du möchtest,
Anna! Daß Samson seine Hacke hinwirft
und von diesem Schlaflied eingesungen
mit Hals und Hirn und Magen und auch
mit allem andern zur Luft zurückkehrt,
aus der er kam. Gib es zu!

ANNA   Wenn ich genügend Stolz hätte, wäre ich
längst im nächsten Autobus, im nächsten
Tempel, unter dem nächsten Dornbusch,
nicht neben dir.

ROSALIE   Ich beginne auch anders. MEINE LEUTE,
MEINE LANDLEUTE – *sanft* MEINE LAND-
STRICHLEUTE! MEINE GRÖSSEN, MEINE
ÜBERGEORDNETEN, MEINE KÖNIGE. ICH
WILL EUCH DIE VOGELKUNDE LEHREN.
WAS IHR EBEN SAHT, WAR NUR EIN
KRANICHSCHWARM, ER ZOG NACH NOR-
DEN, SO recht, Ännchen? SO RECHT.
ERWARTET ABER NICHT, DASS ES SO
BLEIBT. DIE ÖLFARBIGEN EIER WERDEN
EUCH AN DIE KÖPFE FLIEGEN, KAPPEN-
UND KUTTENGEIER WERDEN DIE SONNE
VERDUNKELN, DIE STURMMÖWEN WER-
DEN EUCH ZU SCHAFFEN MACHEN, DIE
GRÜNSCHNABELALBATROSSE. FLUG,
AUFENTHALT, WESEN, IHR WERDET
NICHTS DAVON HABEN. STANDORT,
VERWUNDERUNG, EINSICHT, EIN PAAR
FEDERN ZUM SCHMUCK, EINIGE ZARTE

BISSEN UND ES IST DAHIN. BABITT, DIE
LUMMEN, DER KLEINE KÖNIG OTTOKAR,
DER IM SCHILF SCHREIT. UND SELBST
WENN ICH DIE SCHUHSCHNÄBEL FORT-
LIESSE, DIE SIEBENTE UND DIE ZWÖLFTE
ORDNUNG, ES WÄRE ZUVIEL, WAS
VERSCHWÄNDE. WENN ICH GLÜCK HÄTTE
UND HÖHERE HAKEN, ICH WÜRDE EUCH
DIE VOGELWELT IN DEN SAND ZEICH-
NEN, ABER MEINE SCHWESTER JOSEPHA
HAT MICH ZU STÄRKEREN SCHUHEN
ÜBERREDET UND ANNA –

ANNA ROSALIE *schluchzend* Laß mich weg!
EINE ENTE KÄME IMMERHIN IN BE-
TRACHT? VIELLEICHT EINE ELSTER.
ABER SCHON DIE FLÜGELZEICHNUNG
DER GRAUGANS SETZT FLACHEN ABSÄT-
ZEN UND EINEM IN ERDE SICH WAN-
DELNDEN SAND DIE GRÖSSTEN HEMM-
NISSE ENTGEGEN. DAS MÜSST IHR
WISSEN, ES GEHÖRT HINEIN. *Aufatmend*
UND DAMIT WILL ICH SCHLIESSEN.
Hörst du die Glocken? Bergsons Kinder-
garten ist zu Ende. Jetzt kommt wieder
der Augenblick, wo sich die Baptisten
wundern. Gegen sechs wundern sich
dann die Unitarier, um neun die
Bankangestellten und um drei Uhr früh
die Militärbehörden. Es ist ein gewisses
Gleichmaß darin, aber es ist nicht stetig.

ANNA	Ach. *Eine Art zorniger Seufzer*
ROSALIE	Aber ein so starkes Geläute, alles meinem Bergson zu Ehren.
ANNA	Zufällig ist heute der Tag der Einigung unseres Mutterlandes, seines Sieges über die Bedränger am Tage des heiligen Norman.
ROSALIE	Jetzt sind sie am Markt und füttern die Milane, hoffentlich hat ihn seine Mutter pünktlich geholt. Ich muß bald mit Cannes beginnen, sonst hat er keinen Ort, an dem er landen kann. Bergson wächst.
ANNA	*zornig* Bergson wächst.
ROSALIE	Und ich bin froh, daß ich ihm eine Mutter erfunden habe, die die Gedärme verfaulter Muränen nicht zum Lachen bringen. Sie hat einen Hang zur Unpünktlichkeit, aber sie wird gut für ihn sorgen. Vielleicht macht sie einen kleinen Friseursalon auf, später in Cannes. Und mein junger Maat kehrt bei ihr ein, aber sie schert ihn nicht glatt. Du weißt Mutter, ich will nicht sein wie die Rekrutierten. Gut, gut, gut! Leb wohl, Bergson.
ANNA	Weinst du?
ROSALIE	Nein.
ANNA	Du hast gut für ihn gesorgt.
ROSALIE	Vielleicht erfinde ich ihm noch einen Vater, wenn er vierzig wird.

ANNA	Möchtest du noch ein Sandwich oder soll ich die Körbe schließen?
ROSALIE	Ich weiß es nicht, Anna.
ANNA	Es sind noch Äpfel und Sardinen da. Und ein Ei.
ROSALIE	*erschöpft* Eier. Nein, nichts.
ANNA	Schlaf nicht ein, Rosa. Was tue ich allein hier mit dem unabgebrochenen Zelt, mit den Körben? Ein Lachssandwich ist auch noch da, hörst du? Ich packe alles ein und wir machen zu Hause einen festlichen Abend mit dem restlichen Tee, ein Versöhnungsfest mit Josepha. Rosa, Rosalie! Reichst du mir die halbe Zitrone herüber? Sie liegt näher bei dir.
ROSALIE	Mein Botschafter ist gestorben.
ANNA	*nach kurzem Schweigen* Das tut mir leid, Rosie. Ich kannte ihn nicht, aber er war mir angenehm, vielleicht die angenehmste deiner Erfindungen.
ROSALIE	Er saß zu lange am Fenster. Meine Schuld, das Haus war auch zu flüchtig gebaut. Ein zugiges Chalet. Und dazu vermutlich noch die Mißgunst des diplomatischen Corps, der toskanischen Kolonie, der spanischen Cliquen und so fort.
ANNA	Das kann ich mir denken.
ROSALIE	*ausbrechend* Ja, das könnt ihr euch denken. Soweit reicht es. Zweitausend röchelnde Speisefische, die denkt ihr euch

leicht. Aber ein zweiter Botschafter mit einer leichten Verkühlung, schon undenkbar.

ANNA Du gerätst durcheinander. Es wird auch dunkel.

ROSALIE Es wird jämmerlich dunkel. Die Mutterländer machen sich bemerkbar. Und unsere Schwester Josepha. Sitzt zwischen ihren Strohwänden, frisch vom Automobil bei einer Tasse Tee und erfindet dagegen. Leuchtet gegen meinen Tag an. Ganz einfach. Ich bin neugierig, was ihr noch einfallen wird. Wahrscheinlich hat sie im Autobus zuviel über John Donne gesprochen mit diesem – wie heißt er? – Clermont. Unsere Schwester gewöhnt sich aber. Diese vorgesehene Adjutantengattin, diese Gesprächspartnerin, diese Partnerin seit immer, die sich nichts vorstellen kann, nichts, nichts, nichts! Der die Hühner Teile von Kinderversen sind und die Enten – ach was! *Ruhiger* Ich unterrichte jetzt weiter.

ANNA Bei diesem Licht?

ROSALIE Ich will es beim Namen nennen. Diese violetten Streifen, Schwangerschaftsstreifen, lila, ja ich weiß. ICH WILL EUCH ETWAS SAGEN, MEINE LIEBEN!

ANNA Samson krümmt sich. Was ist mit ihnen, Rosa?

ROSALIE	Unterbrich mich nicht. ICH WILL EUCH ETWAS SAGEN. IHR WERDET NICHT GEBRAUCHT WERDEN. UND DAS IST WAHR.
ANNA	Frage ihn, ob es vielleicht der Blinddarm ist.
ROSALIE	IST ES DER BLINDDARM, SAMSON?
ANNA	Was sagt er?
ROSALIE	Nichts.
ANNA	Hörst du?
ROSALIE	Wie der Omnibus landeinwärts rattert?
ANNA	Sie haben ihn der dritten Reiterschwadron abgekauft, seit sie sich im März wieder zu den Mauleseln bekehrte.
ROSALIE	Ich weiß. Zum zweiten Mal übrigens. Und ich weiß jetzt auch, was Josepha ist: ein Reiterstandbild. Vielleicht liegt sie im Bett. Ich meine, in ihrem, während Clermont in dem seinen liegt.
ANNA	Rosie, er kommt wieder näher! Mit dem ganzen Gefolge hinter sich. Die Giraffe tut auch schon , als gehörte sie ihm. Und die lila Streifen sehen aus, als klebten sie an seinem Rücken. Schwerter, Stahlklingen, die er nie wieder los wird.
ROSALIE	Mach ein Photo!
ANNA	*weinend* Nie wieder.
ROSALIE	*ruhig* Nicht schlecht. Sag es unserer Schwester. Sage ihr, sie lernte das

Handwerk. Und rasch. Sag es ihr auch rasch. Sage ihr, ich wäre nie auf die Idee gekommen, mit dem Wegschaffen zu beginnen. Aber es ist eine. Und dann sage ihr, sie soll die See wieder herschaffen.

ANNA	Und die lila Streifen auf Samsons Rücken?
ROSALIE	Kann sie lassen. Die sind gut.
ANNA	Du schickst mich fort, Rosa.
ROSALIE	Ich schicke dich in die Stadt.
ANNA	Du läßt mich im Stich.
ROSALIE	Lauf zu Josepha.
ANNA	Und wenn ich sie nicht finde?
ROSALIE	Dann erwarte sie. Aber rasch.
ANNA	*schon entfernt* Der Tempel ist fort.
ROSALIE	Nimm den Autobus.
ANNA	Sollen wir Tee vorbereiten?
ROSALIE	Nimm ihn, nimm ihn!
ANNA	Ihr habt mich verlassen.
ROSALIE	Ja, Anna. Nein, Anna.
ANNA	*weiter entfernt* Rosalie!
ROSALIE	Was?
ANNA	Deine Giraffe kommt ins Traben.
ROSALIE	Es gefällt mir, wenn du Witze machst, Ännchen.
ANNA	Ja.
ROSALIE	Beeil dich!
ANNA	Ja.
ROSALIE	Adieu.
ANNA	Ja.

ROSALIE	Sie wird noch gewinnen. Unsere Schwester Anna.
ANNA	*starr* Ich bin ein Platz auf einem Grabstein, ich bin eine Wiege, eine Charlotte, eine nicht eingelassene Person. Ich werde nicht mehr als ich bin, und ich werde nicht ganz, was ich bin.
ROSALIE	Komm nicht zu dir, Anna!
ANNA	*ohne sich unterbrechen zu lassen, im Tonfall immer gleich* Aufmunternd, gutartig, eine Vorschlägerin von Ausflügen, Teeaufgießerin, Zeltfalterin, Hutabstäuberin, Rockschüttlerin, alte Freundin. Aber hier am Wüstenrand –
ROSALIE	Ich weiß, was es heißt, sich vorzufinden. Ich kann dir abraten.
ANNA	In einer Beleuchtung, die dem Wüstenrand nicht zusteht, an einer Küste ohne See, vor weggeschafften Tempelfassaden und nach einem Autobus unterwegs, der vielleicht schon gegangen ist, nehme ich mich doch besser aus als meine erleuchteten Schwestern.
ROSALIE	Josepha soll die See wieder herschaffen!
ANNA	Meine Her- und Wegschafferinnen. Die alles leichter erlernt haben als ich, das Markenkleben und den Walfischfang, mit weißen Hüten im Gischt unterwegs, begeistert, von den westlichen Sprachen angeregt, die ich nie verstand, in

Streitgespräche verwickelt, die mir nichts
bedeuteten. Hier bin ich mehr, hier kann
ich höflich sein, geneigt wie alle, die nicht
mitkommen, hier bin ich Anna.

ROSALIE   Anna, Anna!

ANNA   Hier habe ich recht.

ROSALIE   Lauf lieber!

ANNA   Ja.

ROSALIE   Und vergiß nicht, Josepha alles auszu-
             richten.

ANNA   Nein.

ROSALIE   So ist es recht.

ANNA   *verwirrt* So ist es recht? Ja, so ist es
             wirklich recht.

ROSALIE   *scharf* Das sage ich dir, Anna.

ANNA   Sollen wir dann wiederkommen, Josepha
             und ich? Oder sollen wir dich lieber
             daheim erwarten? Die Sellerie müßte
             heute noch gebacken werden, sie wird
             sonst dürr, was meinst du?

ROSALIE   *einen Augenblick ratlos* Ja, was meine ich?

ANNA   Wir werden es schon recht machen.
             Zuerst die See her.

ROSALIE   Und dann die Sellerie. Genauso.

ANNA   Dann laufe ich jetzt.

ROSALIE   Als hätte ich eine Freundin verloren oder
             wie sagt man bei solchen Anlässen?
             Klirre nur nicht mit deinen violetten
             Schwertern, Samson. Laß mich nachden-
             ken, laß mich nachdenken. *Pause* Tat-

sächlich, meine Giraffe trabt, meine junge Erfindung erfindet sich neu, ob ihr das zusteht? Wer sagt es mir? Bleib stehen, Samson, hör auf, dein Land immer nur nach vorne abzustecken. Wir haben noch einen Augenblick.

JOSEPHA   *außer Atem* Kein Autobus mehr. Den ganzen Weg von der Stadt hier heraus auf meinen Füßen. Kannst du dir das vorstellen?

ROSALIE   Ich kann mir deine Füße nicht vorstellen, Josepha.

JOSEPHA   Und alles in diesem lächerlichen Halb-dunkel.

ROSALIE   Es ist dir etwas mißglückt, meine Schwester. Aber du warst nicht schlecht. In manchem sogar besser als ich.

JOSEPHA   Wie bringe ich die See wieder her?

ROSALIE   Anna ist mit der Bitte darum zu dir unterwegs. Aber wie? Daran dachten wir nicht. *Nach einer Pause* Wie hast du sie weggeschafft?

ROSALIE   Ich sagte GEH! *Nachdenklich* Ich hatte gerade drei Tassen Tee getrunken, der Zorn trug mich.

ROSALIE   Trägt er dich noch? Dann lauf nach Hause! Nimm ihm nichts ab, deinem Zorn, schone deine Füße, laß dich tragen! Trink deinen Tee zu Ende und sage KOMM WIEDER!

JOSEPHA	Auf meinem Tisch lagen einige Ansichts-karten.
ROSALIE	Die laß liegen.
JOSEPHA	Und ich sage einfach KOMM WIEDER ?
ROSALIE	Ja.
JOSEPHA	*zweifelnd* Was da nicht alles wieder-kommt?
ROSALIE	Dein Zorn läßt nach, Josepha.
JOSEPHA	Ich beeile mich schon. Auf dem Nachttisch brannte die Lampe.
ROSALIE	Laß sie brennen.
JOSEPHA	Wenn sie aber ausgegangen ist?
ROSALIE	Laß sie aus.
JOSEPHA	Und ich sage einfach –
ROSALIE	*ruhig* Komm wieder.
JOSEPHA	Wehe dir, wenn mehr wiederkommt, als da war. *Entfernt* Oder weniger.
ROSALIE	Keine Angst.
JOSEPHA	Wehe dir, Rosalie.
ROSALIE	Wehe mir. Rosalie, das stimmt. Rosalie, soviel ist sicher.
JOSEPHA	*weiter entfernt* Rosalie!
ROSALIE	*ruft* Und wiederhole es! Wiederhole es. Nimm noch mehr Tee.
JOSEPHA	Welche Sorte?
ROSALIE	Welche hattest du?
JOSEPHA	*sehr weit, wie ein Hilferuf* Aus Ceylon.
ROSALIE	*ruft wieder* Also. Aus Ceylon. *Sie seufzt, dann leise, deutlich zu niemandem mehr* Und sei sicher. Sei sicher. Das haben sie

gern. Das liegt jedem. Zieh den Kopf nicht ein, züchte dich hoch. Lange Finger, ein gerader Hals. Das sind die Ziele. Für die Finger weiß ich ein Rezept: Man zieht daran. Aber für den Hals? Da beginnt die Empfindsamkeit, wie sagt man? Die Duselei. Mir beginnt meine Mutterlandsprache abzugehen, ganz deutlich. Sogar die Ausdrücke, die man anstelle dessen sagt, was da ist. Aber so schnell? Komm gut heim, Josepha! Vergiß nicht, wie es heißt. KOMM WIEDER heißt es. KOMM WIEDER. Das mußt du sagen. Die Lampe, wie sie war, die Postkarten, wie sie waren, und dann Mut, Mut. Oder sollte ich meinen Schwestern einen Brief schreiben, zwei Briefe? Ja. Briefe. Briefe in Umschlägen. *Eifrig, als schriebe sie ihren ersten Brief* LIEBE ANNA! ICH HOFFE, DASS DU GUT NACH HAUSE GEKOMMEN BIST. Hoffe ich das? Ja, das hoffe ich. LIEBE ANNA. UND DASS DIR KEINE SCHLANGEN UNTERWEGS BEGEGNET SIND, KEIN AUFENTHALT. Nach kurzem Nachdenken DASS DU DEN AUTOBUS ERREICHT HAST. Was noch? DASS DU DICH DARIN NICHT UNTERHAL-TEN MUSSTEST, WEIL DU DICH UNGERN UNTERHÄLTST. DASS DU NICHT AUSGE-RUTSCHT BIST. ODER AUSGEGLITTEN, JA.

DASS DU AUCH DEM HERRN NICHT
BEGEGNET BIST, DER — ICH HABE DEN
NAMEN VERGESSEN — DER AUCH IMMER
DORT FÄHRT, DIESELBE STRECKE. DER
SICH GERN UNTERHÄLT. DASS DER
TEMPEL BALD WIEDER STEHT. DIE
FASSADE, DIE DU KENNST. UND DIE SEE
MIT ALLEM, JOSEPHA IST SCHON UNTER-
WEGS. KOMM WIEDER HEISST ES. DEINE.
So. Der ist gut. Und der andere? Den
schreibe ich auch noch, alles schreibe ich
noch, es sollte mir nicht schwerfallen.
Wenn es mir auch schwerfiele. MEINE
LIEBE JOSEPHA. Richtig? Richtig. Oder
LIEBE JOSEPHA? Wie hieß es? Doch
schwerer als ich dachte. MEINE LIEBE
JOSEPHA. So hieß es nicht. LIEBE
JOSEPHA. So hieß es, aber hieß es so? Ich
frage mich zuviel, es ist gegen die Sitte.
Es grenzt an Einmischung. Da fliegen sie
schon wieder, die blauen Vögel, die
Tischgespräche in den elysischen Feldern,
diese Vokabeln in ihrer Eintracht, dieser
Sparverein, der nicht aufgibt. Drei
Sparvereine oder waren es mehr? Wie
rasch einem die eigenen Schwestern
davongehen können. *Wieder verändert,
ruhig* LIEBE JOSEPHA. ICH HOFFE, DASS
AUCH DU GUT NACH HAUSE GEKOMMEN
BIST, DASS DIR DER GESTREIFTE HIMMEL

HINTER DIR NICHT AUFFIEL, DASS DEIN TEE NOCH DA WAR, DER AUS CEYLON. UND DIE KNALLBONBONS AUF DER KOMMODE, AUS DEINEM ZEHNTEN JAHR. AUS DEM MUTTERLAND. DIE DU NIE GEÖFFNET HAST. Das schon, das schreibe ich, das muß ich ihr sagen. DASS DEINE LAMPE AN ODER AUS WAR, DASS IHR ES NOCH GEMÜTLICH HATTET, DU UND ANNA. DASS DU SIE RICHTIG ANGETROFFEN HAST, MIT IHREN FREUNDLICHEN STRÄHNEN. UND DASS ES DIR GELINGT, DIE SEE WIEDER HERZUSCHAFFEN, JOSEPHA. Denn mein Samson kommt näher. Und Anna hat recht. Ohne die See neben sich sieht er nicht angenehm aus. Zu groß. *Sie schnalzt mit der Zunge* Mit diesen Streifen am Rücken, die du dir so hübsch gedacht hast. Alte Erinnerungen, vielleicht sollten sie zu Rotkohl werden. Aber sie sind Schwerter geworden. Violett war immer deine Lieblingsfarbe, ich lasse sie dir, ich schreibe das alles nicht. Nur die See, die See muß her, sie muß wieder her. Dann darf er näherkommen, mein Großer, dann darf er behalten, was er hat, den klirrenden Blödsinn, seine starken Schultern. KOMM WIEDER. KOMM WIEDER heißt es. DEINE SCHWESTER. DEINE SCHWESTER. Wenn es KOMM

	WIEDER heißt. *Nach einer Pause* Aber ich denke doch.
ANNA UND JOSEPHA	*Raumlos, als sagten sie ein Gedicht auf* Wir werden recht behalten Es wird wiederkommen.
ANNA	Kehren.
JOSEPHA	Kommen.
ANNA UND JOSEPHA	Es wird wiederkommen: Die See mit allen Eiern, die darin verborgen lagen.
ANNA	*schüchtern* Versteckt.
JOSEPHA	Verborgen.
ANNA UND JOSEPHA	Mit allen Eiern, die darin verborgen lagen, den grünen und den hellen, den ausgeblasenen, die oben schwimmen und den andern, mit den eßbaren, den dünnwandigen, den von Kurzschwanzaalen zertretenen, mit den Tiefseeamseln –
ANNA	Angeln.
ANNA UND JOSEPHA	Mit den Tiefseeamseln, Angeln, kurzatmig, länglich, tot oder lebendig.
JOSEPHA	Reiche mir noch ein niederländisches Bisquit, Anna.
ANNA	Mit den Schalen und Schalenstückchen.
JOSEPHA	*kauend* Augenblick.
ANNA	Soll ich die Ansichten aus dem Mutterland wegräumen?
JOSEPHA	Nein.
ANNA	Das Licht löschen?
JOSEPHA	Laß es.

Im Freien

ROSALIE   *gespannt* Das ist richtig.

Raumlos

ANNA   Bist du jetzt fertig?
JOSEPHA   Jetzt.
ANNA UND JOSEPHA   Mit den Schalen und Schalenstückchen,
den länglichen Jungfrauen, Eisenblöcken.

Im Freien

ROSALIE   Meine lieben Schwestern.

Raumlos

ANNA UND JOSEPHA   Verzeichneten Meerespanthern,
Meeresjaguaren,
See- und Schirmständern, Ständchen.
JOSEPHA   Lala.
ANNA   Josepha!
ANNA UND JOSEPHA   Meerespanthern, Meeresjaguaren.
Wenn wir sagen KEHRT WIEDER!
JOSEPHA   KOMM –
ANNA   Noch nicht.
ANNA UND JOSEPHA   Wenn wir sagen –
ANNA   *rasch* KOMMT WIEDER!
JOSEPHA   KOMM heißt es!
ANNA   Nein, warte noch Josepha!

JOSEPHA	Wenn wir sagen –
	Was ist denn, Anna?
ANNA	Ich möchte noch ein Stück Teekuchen.
JOSEPHA	Es sind nur Bisquits da, die niederlän-dischen.
ANNA	Dann gib mir eins *Kauend* Hart, trocken.
JOSEPHA	Das klingt nicht nach dir.
ANNA	Vertauscht, schon in der Wiege. Hast du noch Tee?
JOSEPHA	Vertauscht, schon an den Sträuchern.
ANNA	Das klingt nach dir, Josepha.

Im Freien

ROSALIE	Das klingt nach dir. Wenn du auch bleibst und bist –

Raumlos

ANNA	*schluchzend* Das klingt nach dir.
JOSEPHA	Ernstlich, er ist zu Ende. Wir müssen zum Salz übergehen.

Im Freien

ROSALIE	Unsere liebe Schwester. *Verzweifelt* Jose-pha, Josepha. Was habe ich getan? Eine Märzenpflanze, ein Einfall? Den Hechten zugeschlagen, den Blindschleichen, den achtlos gespannten Seilen. Mit einem

Namenstag, Rechten und Pflichten.
Rechten und Pflichten. Und Anna, die
nicht mehr werden sollte als ein rasches
Kirchenlied, eine Art Abschluß, ein
Segensgruß, eine Winterwolke und so
fort. Was bin ich denn? Einer von diesen
Erfindern, die sichs nicht genug sein
lassen, diesen Nesträubern, die Anna zu
Anna bringen, Josepha zu Josepha?

Raumlos

ANNA UND JOSEPHA   Wir werden recht behalten.
Wir, die überflüssigen Botschafter,
Mitglieder einer künstlichen Navy,
ungebrannt, ungeschoren.
Wir, die Abholerinnen und Marktgänge-
rinnen,
unerheitert von den aufgeplatzten
Gedärmen
der niederen Arten,
wir, die unerheblichen Anbauten
an die Kindergärten der Sektierer,
Rosetten, Abteilungen, Mörtelstriche,
wir erretteten Kleinen, die im Schalenberg
das Ende suchten, aber keine Nüsse.

ANNA   *erschrocken* Ach so!

ANNA UND JOSEPHA   Wir Tempelfassaden aus Luft,
wir benannten und unbenannten
Gesprächspartner,

aufgelösten Autobushaltestellen,
unbefragten Teile der zweiten John
Donne-Ausgabe
und so fort. Wir erfundenen Schwestern –

ANNA   Aufgefunden, aufgefunden! So heißt es
doch, Josepha? So war es doch? Als die
HERKULES anlegte, hatte man uns einen
Augenblick vergessen, aber man fand uns
dann, weinend hinter eine Kabinentür
geklemmt, zur Erleichterung aller. Onkel
Salomon war mit, wenn er auch wieder
zurückfuhr, er nahm uns auf die Arme,
während unsere Eltern vorauseilten,
unsere Mutter mit dem Hutschleier, über
den heißen Sand, auf der Suche
nach einem Wagen. So war es doch,
Josepha?

JOSEPHA   So war es nicht.

ANNA   Aber wie denn, wie war es? Fuhr das
Boot? Hieß es Herkules? Ging jemand
verloren und wurde wieder gefunden?
Und wer? Das müßte man doch wissen.
Darauf käme es doch an.

JOSEPHA   *murmelnd* Autobushaltestellen,
unbefragten Teile der zweiten John
Donne-Ausgabe –

ANNA   *ungeduldig* Und so fort.

JOSEPHA   Jetzt habe ich den Faden verloren.

ANNA   Wir erfundenen Schwestern.

JOSEPHA   Wir erfundenen Schwestern,

wenn wir sagen –
Sagen – sagen,
wenn wir sagen –

Im Freien

ROSALIE   Warte noch, Samson!

Raumlos

JOSEPHA   Kannst du mir helfen, Anna?
ANNA   Daß du sagst, ich hätte vor dir gesagt,
            was ich nicht sagen wollte?

Im Freien

ROSALIE   Es ist gleich soweit. Laß noch den
            Streifen Sand zwischen uns beiden. Ich
            müßte sagen: Zwischen uns vielen. Denn
            dein Volk hat zugenommen. Kannst du
            GANS deklinieren oder WALDHUHN?
            GÄNSERICH? Dann versuche es einmal.
            Nur die – sagen wir die dritten Fälle.
            Ehrlich. Was sind drei Vögel? Ich könnte
            es dir viel schwerer machen.

Raumlos

JOSEPHA   Ich habe vergessen, wie es heißt, aber du
            weißt es, Anna.

ANNA	*ruhig* Ich versuche mich zu besinnen.
JOSEPHA	Sollen wir es noch einmal hersagen?
ANNA	*erbittert* Noch einmal, ohne daß ich erfahre, wer zuerst da war. Wer die Geschichte von Onkel Salomon erfand? Dem ungewohnten Sand, den voraus- eilenden Eltern, der Glut? Oder wer sie nacherzählte und wonach. Lesebücher sind gute Quellen, aber es gibt zuviele. Erinnerst du dich, unser Onkel Jakob hatte eine Sammlung älterer Lesebücher, geordnet, numeriert. Aber er wurde wahrscheinlich nie geboren. Was fängt man mit solchen Lesebüchern an?
JOSEPHA	Hör zu, Anna.
ANNA	Und ich wüßte auch gern die Nummer der Kabinentür, die schon während der Reise klemmte und hinter der wir verborgen waren, überhaupt diese An- kunft. Das Schiff war weitläufig, ich weiß, das willst du sagen. Schon während der Überfahrt verirrten sich unsere Eltern oft. Ich erinnere mich, das wurde uns gesagt. Und es sei möglich, daß wir hinter einer falschen Kabinentür versteckt gewesen wären. 619 etwa statt 693. Aber ich wüßte doch gerne die Nummer, Josepha, auch wenn es zwei oder noch mehr Nummern waren. Ich habe diesen Hang zur Genauigkeit. *Als Josepha nicht*

	antwortet Die Überfahrt war ruhig, nicht wahr? Nur in der fünften Nacht begann es zu regnen, und es regnete die ganze Nacht. Ausgenommen von drei bis vier.
JOSEPHA	*ungeduldig* Ja, ja.
ANNA	Unsere Mutter nahm Kölnischwasser, verdünnt, und ging zum Schiffsfriseur.
JOSEPHA	Ich kenne dich nicht wieder.

Im Freien

ROSALIE	Es ist gleich soweit, Samson. Die Gans hast du schon und richtig. Jetzt das Waldhuhn. Nein, nicht den Gänserich, das Waldhuhn lag dazwischen. Und laß deine Giraffe in Ruhe, sie sieht dir schon ähnlich genug. Du mußt dich vorsichtiger bewegen mit diesen Schwertern am Rücken.

Raumlos

JOSEPHA	Wenn du aber weißt, was du nie erfahren wirst, Anna, außer vielleicht die Nummer der Kabinentüren, wäre es dann nicht besser, wir begännen noch einmal, damit wir wieder hineinkommen?

Im Freien

ROSALIE	Gut, Samson, jetzt noch das schwerste

Stück. Die Gänseriche, Mehrzahl, dritter
Fall!

Raumlos

JOSEPHA	Vom Ende ab. Es genügt.
ANNA	*ruhig* Tempelfassaden aus Luft.
JOSEPHA	*eifrig* Wir benannten und unbenannten Gesprächspartner, aufgelösten Autobushaltestellen.
ANNA UND JOSEPHA	Unbefragten Teile einer zweiten John Donne-Ausgabe und so fort. Wir werden recht behalten, wir erfundenen Schwestern –
JOSEPHA	Wenn wir sagen –
ANNA	KOMM WIEDER.
JOSEPHA	KOMM WIEDER. So hieß es. So heißt es, Anna.
ANNA	Wenn wir sagen
ANNA UND JOSEPHA	KOMM WIEDER!

Im Freien, Brausen

ROSALIE Wie? Ich verstehe dich jetzt nicht. Nein,
falsch, falsch. Aber du mußt den dritten
Fall nicht mehr finden. Keinen Gänseri-
chen. Die See ist zurückgekommen. Und
meine Schwestern, meine Schwestern –
Das Klirren von Samsons Schwertern
Sie sind fort, Samson.

In diesem Hörspiel entstehen drei immer
wieder von kurzen Zwischenrufen unter-
brochene, auch sich selbst unterbre-
chende, oft hilflose, stammelnde Mono-
loge. Dem Missionar helfen, soweit ich es
sehe, noch Erinnerungen, die er ernst
nimmt, an die er auch glaubt, dem
Matrosen der St. Quentin hilft seine
Munterkeit, aber dem Matrosen aus
Frisco hilft nur mehr wenig, er ist nicht
mehr imstande, eine verhältnismäßig
einfache Sache zu berichten: daß sich auf
See eine Flagge eindrehte und wieder
ausgedreht wurde. Es ist im Gegenteil so:
je öfter er ansetzt und je näher er dem
Ereignis, das er beschreiben will, kommt,
desto mehr Zweifel stellen sich ihm ein,
an dem Ereignis, dessen Zeuge er
offensichtlich war, an seinem Bericht
oder an dem Bezug zwischen Bericht und
Ereignis.

Was bisher niemand bezweifelte,
nämlich, daß man von etwas, das
stattfand, berichten kann, wird für ihn
aufs Äußerste zweifelhaft, ja es erscheint
fast, als ob der Bericht das Ereignis
lösche, die Sprache als Mittel der
Mitteilung entzieht sich ihm. Er sucht
nach Erinnerungsstützen, nach Mitzeugen,
aber sie stellen sich nicht wirklich

ein: Sie bleiben am Rand der Sache, drehen sich um sich selbst und bezeugen ihm nichts. Weder die oft betulichen Versuche des Missionars, die alten chronologischen Praktiken wiederherzustellen, noch die Unbekümmertheit des anderen Matrosen, der sie außer acht läßt, der von Punkt zu Punkt springt und sich erfindet, was er nicht findet, können ihm helfen, auch nicht die oft anfeuernden Zwischenrufe aus der Runde, die ihn umgibt.

Und nicht nur für ihn, auch für den Leser, Hörer oder Autor seiner Geschichte ergeben sich Zweifel, nicht nur an der Wahrheit seiner Geschichte oder der Gabe, sie zu berichten, sondern deutlich auch an der Möglichkeit des Berichtens überhaupt. Ich habe gesagt: auch für den Autor – und bin damit bei der Zuständigkeit des Autors, bei der Berechtigung oder Verpflichtung, die er hat, sich zu einem solchen Dialog, man könnte sagen, zu einer solchen Stimmenverwirrung zu äußern. Er hat keins von beidem oder er hat beides, aber dann in demselben Maß, in dem auch ein genauer Hörer oder Leser es hat. Seine Figuren haben bei ihm flüchtig Heimatrecht, aber er hat keines bei ihnen. Er kann sie

einlassen, aber er muß sie gehen lassen, er
kann keine Fragen an sie stellen,
jedenfalls keine mehr als die, die sie sich
selber stellen, beantworten oder nicht
beantworten.

Auckland

Die aus Frisco vor
Frisco
Gelächter
Die aus Frisco vor
Keiner hier
Beschwert euch doch
Wenn wirklich keiner aus Frisco ist dann
bin ich es
Dann ist es er
Und woher bist du
Aus Frisco
Lassen
Seid froh daß einer es tut
Surfing
Heißt Wellenreiten
Der aus Frisco hat es gut
Surfing heißt nichts
Freiwillig
Was
Ich bin lieber aus Rhodos
flüsternd Er ist lieber aus Rhodos
Händeklatschen Also *lauter* Also
Varus schickte einen Legaten zu Euripi-
des damit er ihn lehre *stockend* damit er
ihn lehre
Ich bin ein Friseur Ausgebildeter
Friseur
Soll er voran
Voraus
Der Friseur soll voraus

Friseure her
Wo ist der aus Frisco
Meldet sich nicht mehr
Er stand vorhin neben mir erzählte mir
etwas von irischen Fratres einer eingeroll-
ten Flagge
Ein kleiner schäbiger
Das war er
Ein kleiner schäbiger nichtsnutziger
Vielleicht ein Ire
Aus Frisco
Gelächter
Ein Ire aus Frisco
Still halten
Von einer aufgerollten Flagge
Nicht schlecht
Ja weshalb soll er nicht von einer
aufgerollten Flagge erzählen

M. AUS FRISCO   Eingerollten Da stand ein Matrose auf
einem Küchenstuhl
als hielte er sich die Ohren zu Nicht
Was war mit dem Franzosen

M. AUS FRISCO   Er stand auf einem Stuhl er stand ich bin
jetzt heraus dunkelhäutig glaube ich ja
dunkelhäutig
War er älter

M. AUS FRISCO   Dunkelhäutig
von weiter weg Worauf stand er

M. AUS FRISCO   Auf einem Küchenstuhl

FRAU   Zu heiß

222

José
Der Dame ist es zu heiß

JOSÉ	So richtig
FRAU	Danke
MISSIONAR	Ich bitte um Ruhe

Wer ist denn der

MISSIONAR Ich komme aus den Missionen Ich
möchte etwas Ordnung

Etwas Ordnung
Nicht nötig Wo ist der aus Frisco
Ja wo ist der hin

MISSIONAR Ich bin es nicht ich meine ich bin nicht
aus Frisco ich kam dorthin Zuletzt Und
wenn einer von uns seinen Mitbrüdern
etwas erzählen wollte begann er beim
Anfang der Reise

Richtig *Beifallklatschen* Richtig

MISSIONAR *weniger sicher* Beim Entschluß und dem
was ihn hervorbrachte

M. AUS FRISCO Mein Matrose war in Ordnung
FRAU Noch immer zu heiß José
JOSÉ Gut so
FRAU Besser
JOSÉ Rufen Sie nur immer
M. AUS FRISCO Er wollte nur die Flagge aufwickeln
MISSIONAR So kommen wir nicht voran
M. AUS FRISCO Es wehte stark aber er stand fest Ich höre
das Tuch noch knattern Schäbiges
Fahnentuch Einer hielt den Stuhl bei der
Lehne

MISSIONAR Wenn meine Mitbrüder nachmittags im
Hof etwas zum besten gaben hörte sich
das anders an Auch in den Abendstunden
Beim Anhören erfüllte sich der Tag
Friede kehrte ein
Aus Frisco ist keiner mehr
Ich
Und weshalb sagst du nichts
Ich mische mich nicht gern in eure
Fragen
Hört ihr das

M. DER ST. QUENTIN *munter* Da kam ich unlängst von Bord
auf zwei Brettern Fallreep heißt es
Soviel sind wir ihm wert
Wieder ein Neuer
Mir scheint es als wären zuviele Seeleute
hier

M. DER ST. QUENTIN Ich wollte baden aber der Ozean war zu
kalt Ich ließ das Baden und ging um
Weihnachtsschmuck Zuerst verirrte ich
mich in der Abteilung für Kannen und
Blechgefäße aber dann hatte ichs endlich
Ganz schön Es war rot und knallte Ich
versuchte es ein paar Mal dann hing ichs
mir um den Hals Und dann wieder auf
See Geburtstag hatte ich auch
Welcher ist denn das der jetzt redet
Wie du heißt

M. DER ST. QUENTIN *verneinend* Mm
Lassen Keine Gewalt

kichernd Kannen und Blechgefäße Für
Kannen und Blechgefäße
Sag wie du heißt
Schweigen
Genügt schon
Er muß nichts sagen
Wie i c h heiße Mit dem Namen den ich
mir damals selber gab Beim Georgiritt
auf dem russischen Hügel

VAU   Als du Liftführer im Kaufhaus warst
einen Tag ehe sie dich wegen Taschen-
diebstahls feuerten

M. AUS FRISCO   Mein Matrose brachte das Tuch nicht
vom Stock Wenn ihr wißt was ich meine
Er brachte das Fahnentuch nicht um den
Fahnenstock Der eine hielt die Stuhllehne
und der andere stand auf dem Stuhl Das
war alles an Heck Der eine war stärker
als der andere

FRAU   José
Schweigen

FRAU   Immer noch nicht fertig
JOSÉ   Noch eine Minute
M. AUS FRISCO   Der Himmel war bewegt das muß man
dazurechnen Die Passagiere lagen vorn in
Deckstühlen und weinten die Passagierin-
nen auch
Jemand aus Friso dabei
Ich schlage vor Gentlemen
Ladies

MISSIONAR	Ich war zu Lande unterwegs *Nach kurzem Zögern* Wir hatten schließlich auch unsere Erlebnisse *gähnend* Curare Euripides
MISSIONAR	Ja Und ähnliches Wenn einer aber keine hatte war es nicht das Schlimmste Bis zu einem gewissen Satz konnte er sich die der anderen zulegen Das ist ein guter Satz
MISSIONAR	Unsere Missionen waren reich genug In den Gärten lagen Iren und Schotten wild verstreut Viele von ihnen hatten noch nicht einmal zum Besten gegeben was man dazuzählen konnte Gemeinhin Die gute spanische Luft Unser Himmel
M. DER ST. QUENTIN	Geburtstag hatte ich auch aber es half nichts Ist das jetzt wieder der andere
M. DER ST. QUENTIN	Ich mußte zurück Wieder über das Fallreep Gerade noch Der Christbaum-schmuck zerstreute mich neun gute Tage lang dann wars zu Ende Er zerfledderte um meinen Hals fiel mir in den Rücken auf Deck überallhin Man konnte ihn nicht mehr lassen Aber er ging mir nach Mein Geburtstag ging mir nach Unnütz verbracht Einige Fetzen Krepp als Reste nach neun Tagen am linken Unterarm Ich ließ sie kleben strich sogar Leim dar-

	über Die Luftfeuchtigkeit war auch hoch
	Klebte es
M. DER ST. QUENTIN	Nein
MISSIONAR	Weil vorhin jemand von Curare und Euripides sprach
	Kein Mensch sprach von Curare und Euripides
MISSIONAR	*hilflos* Einer unserer Mitbrüder hieß so ein Junger Wir benutzten alle Decknamen tatsächlich half das dem Gespräch Ließ es aufleben wenn es zu versanden drohte
	Wie alt ist der der jetzt redet
	Noch keine achtzig
	Gelächter
	Ein Lämmchen
	Und es half dem Gespräch Tatsächlich Half half Half dort
FRAU	José ich habe jetzt genug José
JOSÉ	Hier bin ich
FRAU	Es ist jetzt genug
JOSÉ	*bedauernd* Noch nicht ganz
M. AUS FRISCO	*matt* Dem Matrosen krachten die Gelenke als er die Flagge aufrollen wollte Ambros war auch an Bord aber es half nichts
	Welcher Ambros
M. AUS FRISCO	Irgendeiner Ein Ambros Josaphat meinetwegen
	Er half nichts

M. AUS FRISCO	Er war auch nicht dazu befohlen Nur die beiden Der den Küchenstuhl hielt und der daraufstand
	Und du
M. AUS FRISCO	Ich war müde *Aufflackernd* Das war ein Tag wollte kein Ende nehmen Die beiden gingen nicht mühten sich unablässig Zuletzt mit einem Haken Nein mit zwei Haken Der konnte genug kriegen der das mitansah
	Bekamst du genug
M. AUS FRISCO	Ich hatte dienstfrei
	Daraus kann ihm keiner einen Vorwurf machen
	Ich wüßte jetzt gerne ob die Flagge endlich
	Schluß Punktum
	unsicher Oder nicht Das wüßte ich gerne Ob der mit dem Haken die Flagge zu fassen kriegte
	Schweigen
MISSIONAR	Das war bei uns anders Wer an der Reihe war sprach und die andern durften Fragen stellen Wer gefragt war antwortete so gut es ging aber immer Jeder von uns hatte Anspruch darauf Man wurde in den Missionen über die Gefahren unterrichtet Über die Fallen die unsereinem gestellt werden können
M. AUS FRISCO	Jetzt weiß ichs Er bekam sie herum Mit

	einem Enterhaken jemand erzählte es
	Gelang es also
M. AUS FRISCO	*ausweichend* Jemand erzählte es
M. DER ST. QUENTIN	Mein Geburtstag war anders
	Laß ihn zu Ende reden
M. DER ST. QUENTIN	Ich hatte immer im Dezember Geburts-
	tag
M. AUS FRISCO	Es kann auch sein daß ich es erzählte Daß
	ich auf den Brettern saß und sagte Sie
	bekamen sie herum Genau Die Flagge
	wehte sie knatterte sogar Daß i c h es
	erzählte Daß ich es e r z ä h l t e
	Wehte sie
	Eben
FRAU	José
JOSÉ	Ja
FRAU	Zu kühl
JOSÉ	Das kann geändert werden
	Dreimal Händeklatschen Als würde eins
	zwei drei gesagt
	Was will der Kleine
	An ein Ende kommen
	Wir auch
	Enterhaken Geburtstage was soll das
	Ganze
	Es geht um die Flagge
	Noch immer
	Ist jemand hier aus Frisco
M. AUS FRISCO	*grübelnd für sich* Ich erzählte es das ist
	wahr

Frisco Frisco Ist das die große Sache mit
diesem Ich glaube da bin ich her
Und machst den Mund jetzt erst auf Mit
Frisco hat es begonnen
mürrisch Ich weiß
von weiter weg Ist er ein Ire
Ire nicht
Ein Klotz

MISSIONAR *eifrig* Wenn bei uns gefragt wurde
wurden genaue Antworten verlangt
Zeiten Viertel Lokale Wie war das Bruder
Juniper als Sie die Pfeilspitze in die
Schulter bekamen Juni Da konnte die
Dämmerung noch nicht hereingebrochen
sein
ruhig Bravo
Und als man Sie in den Bach stieß
Wie kam es daß Ihr Schnürsenkel naß
wurde
Lachen

MISSIONAR *immer noch eifrig* Die Sonne stand im
Westen konnte aber um diese Zeit den
Bach noch bis zu den Bachsteinen hinab
erhellen
Gähnen
Und da sie ihn erhellen konnte
Wie kams daß sies nicht tat

MISSIONAR *darüber hinweg* Bezüge der Zusammen-
halt Feuerwerke durfte es geben aber innerhalb Ouverture Dorée der Friede die Fest-

lichkeit Daß der Ring sich schloß daß jeder
nachkam Daß die Zeiten die bei uns zum
Abend bestimmt sind sich täglich erfüllten
Ich hätte mich längst gemeldet wenn ich
gewußt hätte daß ihr mit Frisco das Ding
meint das mit dem großen
mit Verachtung Du
Konnte es ja nicht wissen

M. DER ST. QUENTIN Wenn ich an das Lokal mit den
Blechwaren denke als ich mich da verirrte
Beinahe hätte ich Reißaus genommen
lacht Wäre beinahe woanders gelandet

MISSIONAR Ich bin für Ordnung
Abstimmen
Schweigen
Das dachte ich
Alle sind für Ordnung
zornig Der aus den Missionen hat damit
begonnen Und jetzt soll kein Ende mehr
sein

KIND Ich möchte wellenreiten
Das ist ein Anfang Die Kleine
War das ein Mädchen
Sie möchte wellenreiten

KIND Surfing
Es ist ein Mädchen
Laßt sie Soll wellenreiten wenn sie
möchte
Ich bin dagegen Gott weiß was sich da
unten alles herumtreibt

	Sie soll hierbleiben
	Ja
FRAU	José
JOSÉ	Noch nicht
FRAU	Nicht endlich
	Wem gehört die Kleine
M. DER ST. QUENTIN	Ein Christbaumengel den ich mit an Bord
	nahm sie ist rasch gewachsen Baumelte
	zuerst eine ganze Weile an meinem Hals
MISSIONAR	Das Kind wäre in unseren Gärten besser
	aufgehoben
	Das ist wahr Achtzehnhundertdreiund-
	fünfzig war auch sonst besser
	Stabiler
KIND	Ich möchte gerne
	Hör jetzt auf mit dem was du möchtest
M. AUS FRISCO	Enterhaken Flaggen Küchenstühle Ich
	war dabei Ja ich war sicher dabei Ich sah
	wovon ich sprach
	Schläft er
M. AUS FRISCO	Hinter mir drei oder vier Leute auf
	Deckstühlen Einer sagte Ich verdanke
	Thackeray viel *Zu sich selbst beschwörend*
	Ja ja ich war dabei ich muß dabei
	gewesen sein *Nach einer Pause ruhiger*
	Ich habe es erzählt dafür sind Zeugen da
	Der blinde Koch John Flick Betty Ich
	habe es weiter erzählt *Wieder unruhig*
	Aber daß ich oben war daß ich dabei war
	daß ich es sah und hörte Wenn ich es sah

und hörte Die beiden Flaggenaufwickler
beachteten mich nicht hatten zu tun
daran liegt es Wenn ich den mit
Thackeray wiederfände Vielleicht hier
Schweigen Keiner hier der Thackeray
etwas verdankt Eine Geringfügigkeit es
muß nicht viel sein So einer sagt dann
gerne Ich verdanke Thackeray viel
Schweigen Oder habe ich nichts gehört
Saß keiner hinter mir standen keine
Deckstühle dort gestreift die blauweißen
Entschlossen Nicht Wie rasch einem die
Zeugen verlorengehen Eben hatte man sie
noch todsicher brauchte sich nur umzu-
drehen und sie anzufassen Ich verdanke
Thackeray viel Der war da ich beschwöre
es Am Mücheneingang ahmte ich ihn nach
Betty lachte Thackeray Ein solcher Name
Wenn ich den je aussprach muß er vorher
genannt worden sein Oder nicht *Ruhig*
Man muß sich abfinden Thackeray
Ist das nicht ein Gericht an Bord Die
Lieblingsmahlzeit von irgend jemandem
Krebsbrühe oder Birne in Eis Genauer
wird es nicht
Ein Geburtstagsessen

KIND   Tha-cke-ray *Bei jeder Silbe Händeklatschen*

M. AUS FRISCO   Ich weiß daß sie um die Flagge
auszudrehen zwei Enterhaken nahmen

Sagte ich das nicht schon Sie war zu
verwickelt vielleicht vierzehnmal einge-
dreht um wenig zu sagen
Ja
Was sagt der
Er hat ihm zugestimmt
Das verstehe ich nicht

M. AUS FRISCO   Oder fünfzehn
FRAU   José
JOSÉ   Ja
FRAU   Mein Haar riecht schon versengt
JOSÉ   Sie täuschen sich
FRAU   Nein Nein
Die Folgen lassen sich an allen fünf
Fingern abzählen
Wer sagt das
Hier neben mir
Ein Einarmiger
Schweigen

VAU   In Irland ist alles ganz anders
eifrig Da ist vielleicht etwas Richtiges
daran Das ist vielleicht sogar wahr Wer
allein an die Esel denkt Auch sonst *Nach
einer Pause* Ich bin aus Frisco Ein Friseur
aus Frisco Friseurgeselle aber bald soweit
Der Weg in die Stadt ist auch lang Später
mache ich mir einen eigenen Laden auf
Das muß ein Ire sein
Aus Frisco

MISSIONAR   In unseren Missionen wurde nach

alledem nicht gefragt
Ich will ihn sehen
Hebt einer die Kleine hoch

KIND   Welcher ist es
verlegen Ich
Ich wars

MISSIONAR   Bei uns fanden alle Einlaß Gleichgültig
woher sie kamen Und weshalb

M. AUS FRISCO   Ich verdanke Thackeray viel Thackeray
sagte der andere Darauf der dritte Ja so
war es Dazwischen bekam der auf dem
Küchenstuhl mit dem Haken die Flagge
zu fassen Das Tuch riß ein
Das schöne Flaggentuch
Lachen
Hatte man dafür nicht Webereien an Bord

M. DER ST. QUENTIN   Bei uns gabs einmal eine Darinnen eine
kleine Rothaarige Sie hatte nichts zu tun
wurde dann in die Bücherei versetzt ging
später über Bord An meinem Geburtstag
habe ich sie besucht *Nach kurzem
Nachdenken* Der Christbaumschmuck
gefiel ihr aber sie wollte nichts davon
Wunderte mich damals schon Wir hatten
Marmor geladen Nein keinen echten
Unsere Flagge riß auch nicht ein

M. AUS FRISCO   Sie riß bei uns
M. DER ST. QUENTIN   Das tut mir leid für euch
M. AUS FRISCO   Man kann jeden Funken Mitleid brauchen
MISSIONAR   Bei uns sah man vom Mitleid ab Man gab

sich nicht nur heiter man war es ernährte
die Neuankömmlinge pflegte ihre Wunden
ließ sie erzählen auch oft lange erzählen
Das tat seine Wirkung Und der stille
Garten Da konnte es ringsum drohen wie
es wollte unsere alten Eiben taten das ihre
Was auch immer einer vorher gesehen oder
gehört hatte bekam hier seinen Abstand

M. AUS FRISCO Der Wind zerriß das Tuch glaube ich
Nicht der Enterhaken

MISSIONAR *etwas hilflos* Man ließ sich nicht in sich
selbst hineinreißen gab sich nicht nach
Die Schotten waren da gut Mit wenigen
Ausnahmen
Ja
Wie

MISSIONAR Mit den Ausnahmen die es überall gibt
Prozentual Bruchteile
Teilchen

MISSIONAR Ich sagte Die Schotten waren gut Oft
beispielgebend Als sich der Junge aus
St. Quentin erhängt hatte zum Beispiel In
seinem Schrank erhängt hatte Wir hatten
vier Vier Schotten Einer knüpfte ihn ab
Er verzog keine Miene Das wirkte
von weiter hinten Ich verstehe hier so
schlecht

MISSIONAR *lauter* Ich sagte daß die Schotten in
unserer kleinen Gemeinde gut waren
Ach so

MISSIONAR	*ebenso laut* Ja oft beispielgebend Als sich zum Beispiel der
	Ich verstehe jetzt schon
MISSIONAR	Und als sich niemand fand der unsere verstimmte Orgel richten wollte wer war es der sich als erster damit abfand
	von ganz nahe Wer
	Ein Schotte
	Was wollte er nicht richten
	Eine Orgel
	Wollte er richten
	Wollte er nicht richten
FRAU	José
JOSÉ	Ja
FRAU	Kann man nicht wenigstens auf kühler drehen
JOSÉ	Gleich
FRAU	Ich bitte Sie
	Ist hier einer der sich auf Orgeln versteht
MISSIONAR	*ärgerlich* Keine Reparaturen Er fand sich ab sagte ich Er fand sich ab Er sang dazu das war gerade dasjenige an den Schotten Hier ist einer der sich auf Orgeln versteht Schiffsorgeln Stört das
M. AUS FRISCO	*nachdenklich* Schiffsorgeln Schiffsorgeln Thackeray Enterhaken zwei Enterhaken Deckstühle drei Ein Küchenstuhl Ich verdanke Thackeray viel Thackeray Das Wort fiel zweimal
	Ist das ein Wort

M. AUS FRISCO	Es war so
MISSIONAR	Wir sangen lieber zu den verstimmten Instrumenten Gewährten Einlaß *ruhig* Eure Flagge hatte sich vierzehnmal eingedreht sagtest du Rund um den Stock
M. AUS FRISCO	Ja Vierzehn das schöne Morgen weil dreizehn heute ist Und zwölf ist immer gestern *sich steigernd* Elf ist die Drohung zehn ist die Gewißheit neun Laßt ihn Ich habe da meine eigene Rechnung *Nachäffend* Und der Stock drehte sich ein sagtest du Zwölf sagtest du Nein vierzehn Vierzehnmal
M. AUS FRISCO	*schwach* Die Flagge Stock sagtest du Er sagte Fahne Thackeray Wenn das ein Wort ist Wenn es nicht Quincey war War es nicht Quincey
M. AUS FRISCO	*ruhig* Es war Thackeray Zehn Zehn ist die Gewißheit Und neun Ich wüßte gerne weiter Neun ist die Todesangst Nicht eure Du sagtest eure Flagge hätte sich vier-zehnmal um den Stock gelegt
M. AUS FRISCO	Ja vierzehn

238

	Drei Deckstühle ein Küchenstuhl
	Das läuft auf einen kleinen Bestand hin
M. AUS FRISCO	*starr* So war es
WE	Aber dein Matrose Als es gerissen war
	gelang es ihm das Tuch noch einmal zu
	fassen
	Zwei Enterhaken
M. AUS FRISCO	Ja
	Gelang es ihm
KIND	Was sagt der
	Nichts
KIND	Ich sehe hier nämlich so schlecht
	Schon wieder niemand der die Kleine
	hochhebt
	mürrisch Na siehst du mehr
KIND	So viele
MISSIONAR	Das Kind sollte hier weg
	Wohin
WE	Wir haben uns auch nicht weggerührt
	wenn es darauf ankam Und sind auch
	groß geworden
	Soll wachsen
	Wächst ohnehin Ich stelle dich jetzt
	wieder auf deine Beine
KIND	Nur noch den einen
	Welchen
KIND	Mit der Kutte
MISSIONAR	In unsere Gärten sollte sie
KIND	Ja den
MISSIONAR	Bei uns war ein junger Bruder der die

ganze Botanik kannte Pfefferbäume Es-
sigbäume Libellen Was er auch sagte es
war immer für kindliche Ohren Geboren
um die Jahrhundertmitte
Hier ist die Rede von eingedrehten Flaggen
Und Thackeray
War nur ein Hilfswort eine Erinnerungsstütze
Ein Zufall Weil es der eine zu dem andern
sagte als der Junge auf dem Küchenstuhl
die Flagge auszudrehen versuchte

M. AUS FRISCO   *leise* Er war alt
Aber nicht hochgekommen wie Hatte
                           keine Charge

M. AUS FRISCO   Nein
Na siehst du
Eine Erinnerungsstütze
Lachen

MISSIONAR   Manche kamen auch zu uns um
Milieustudien zu treiben ließen sich von
Mauleseln von einer Mission zur andern
tragen Oder von Zwergponys Willige
Tiere um kleine Beträge verliehen Sie
liefen allein zurück oder einer unserer
jungen Brüder ritt sie heim Wir stärkten
die Neuankömmlinge
Schon bekannt

MISSIONAR   Ließen ihnen freie Hand in Haus und
Garten bis sie wieder gingen Manche
blieben auch Es waren andere Zeiten

Was sagtest du vorhin was Surfing hieß
Wellenreiten
nachdenklich Es war etwas anderes Oder
heißt etwas anderes
Hieß etwas anderes

FRAU   José

JOSÉ   Ja

FRAU   Ich hätte gerne eine Zeitung
                Wellenreiten Hieß nie etwas anderes
                Surfing

MISSIONAR   Unbekannt in unseren Missionen
                Es ist neuer Ehrlich Ich glaube es kam
                von der Goldküste Vor drei oder mehr
                Jahren
                Mit Verachtung Von der Goldküste Das
                wurde bei uns erfunden

KIND   Ich möchte gerne
                Ach halt den Mund

MISSIONAR   Kann denn nicht etwas zwei- oder dreimal
                erfunden werden An zwei oder drei Orten

M. AUS FRISCO   Deckstühle gab es drei Küchenstuhl einen
                Besetzte Deckstühle Sonst noch genü-
                gend Es war kalt an Deck Die drei waren
                in Decken eingeschlagen Blauweiß Aber
                sie froren
                wie vor Kälte zitternd Thackeray
                Und vierzehn Vierzehnmal

MISSIONAR   Friert es nicht unsereinen zuweilen ehe
                unser Globus wieder um eine Erfindung
                reicher wird

M. AUS FRISCO	Ich habe nichts erfunden Nichts *ruhig* Er erfindet nichts
M. AUS FRISCO	Die Flagge hatte sich vierzehnmal um die Stange gelegt So war es Punktum
FRAU	José Der ist essen gegangen
M. AUS FRISCO	Ich sah zu als sie sich eindrehte
FRAU	José
M. AUS FRISCO	Ich weiß es Vierzehnmal sahst du zu
M. AUS FRISCO	*unsicher* Das mit der Vierzehn kam später heraus Beim Ausdrehen Varus schickte einen Legaten zu Euripides Ach wo Bruder Juniper mit der Pfeilspitze *gähnend* Es klingt alles ganz vernünftig
M. DER ST. QUENTIN	Wenn ich euch was erzählen soll
FRAU	José
JOSÉ	Sie wünschen
FRAU	Ich will unterhalten werden
M. DER ST. QUENTIN	Bei uns gings noch ganz anders zu Als ich mit dem Christbaumschmuck an Bord kam Geburtstag hatte ich auch *Stöhnen*
M. DER ST. QUENTIN	*immer fröhlicher* rannte mir die Bord- katze vor die Füße Ich darüber Halt sage ich aber da lag ich schon Der Schmuck klirrte

entfernt Von wieviel Booten ist hier die
Rede
Von zweien
Danke

M. DER ST. QUENTIN Alle rannten zusammen Da stand ich
schon wieder

M. AUS FRISCO Wir hatten keine Bordkatze

M. DER ST. QUENTIN Aber wir das unterscheidet uns Keine
Gedanken an eingerollte Flaggen keine
Küchenstühle Bei uns gings lustig zu Die
Bordwebereien kamen aus der Mode Wir
hatten eine Wir richteten uns auf das
nächste Säkulum ein selbst als die
Weberin über Bord ging Ich weiß nicht
weshalb eigentlich Weshalb sie das tat
Oder ob es von selber kam Es zerbrach
sich auch keiner den Kopf darüber

MISSIONAR *eifrig* Das verbindet uns

M. DER ST. QUENTIN Sturzflut auf Deck vielleicht Aber was
hatte sie da zu suchen Freie Fahrt voraus
war unsere Devise Die hatten wir

MISSIONAR Ja das meine ich auch In unseren Gärten

M. DER ST. QUENTIN Darin konnte uns keiner unterbrechen
Auch keine *Nach einem Augenblick*
Später übernahm sie ein Maat

MISSIONAR Bei uns war es ganz ähnlich Als der Junge
von St. Quentin im Schrank hing sorgten
wir dafür daß alles sein Gleichmaß
behielt wenn auch mit Verschiebungen

M. DER ST. QUENTIN Der Maat war gut Konnte das Weben

nicht besonders aber er sorgte dafür Für
die Flaggen reichte es Auch Mützenbän-
der Den Rest übernahmen Maschinenwe-
bereien

MISSIONAR   Leichte Verschiebungen Sie störten das
Gleichmaß nicht Manchmal erhöhten sie
es

M. DER ST. QUENTIN   Der Maat war gut Alle mochten ihn Das
Weben hatte er von seiner Großmutter in
Frisco *Schluchzend* Von seiner Großmut-
ter in Frisco Mit dem Blick auf die Bucht
Wieder heiter Als das Schiff abgewrackt
wurde stellte es sich heraus daß er keine
hatte Keine Großmutter
Wir stehen hier schon zu lang
Ja

M. DER ST. QUENTIN   Auch nie eine gehabt hatte Das Weben
hatte er der Kleinen abgeschaut oder er
hatte es von sich aus *Gähnend* Alles
möglich

MISSIONAR   *wieder eifrig* Wie bei uns Wer eine
Fähigkeit hatte benützte sie Nach ihrer
Herkunft wurde nicht gefragt Der eine
nähte der andere erfand Mittel gegen das
Ungeziefer von dem wir im Garten
genügend hatten Pfeilgift andere jäteten
wieder kochten setzten junge Sprößlinge
oder hielten vom Wachtturm nach
räuberischen Horden Ausschau alles in
Frieden Ein hölzerner Wachtturm aber er

genügte Auf der alten Missionsstraße die man heute noch bezeichnen kann Ich habe mir sagen lassen manche gingen ihr immer noch nach *Unsicher* Von Staubwolken getragen kamen die Melder rasch voran

M. DER ST. QUENTIN Es war ganz ähnlich bei uns Ringsherum Wasser

MISSIONAR *aus der Fassung* So daß sich die nächsten rechtzeitig absichern konnten Geschickt darin sich hinter Kakteen oder Eiben zu verbergen oft samt den Maultieren die sie bei sich hatten

KIND Ich möchte wellenreiten
Wo Wo willst du das

M. DER ST. QUENTIN *müde* Alles wie bei uns Ich verschenkte zwei Plastikkugeln von dem Schmuck und ging an meinen Dienst

KIND Surfing In der Brandung
Zeig mir die Brandung wenn du eine siehst
Hinter dem Museum Bei dem Park die Böschung hinunter

M. DER ST. QUENTIN Dienst hatte ich auch Der Himmel war bezogen

VAU Du glaubst doch nicht daß wir es hier von diesem Platz in Auckland nah zur Brandung haben
Platz in Auckland
Was denn

KIND *ruhiger* Die andern sind auch fort

M. DER ST. QUENTIN Alles wie bei uns
FRAU José
JOSÉ *etwas außer Atem* Ja bitte
FRAU Es beginnt wieder
Jeden Augenblick schleicht sich einer
davon
MISSIONAR Unsere Iren hatten ein so frisches
Aussehen auch wenn sie von Staub
übersprüht waren Anders als dieser Junge
aus St. Quentin
M. AUS FRISCO Curare Curare Pfeilgift Euripides Wenn
ich mich erinnern könnte was die hinter
mir noch sagten
Wurdest du nicht weggerufen
M. AUS FRISCO Ich war dabei ich sah den Küchenstuhl
den Mann darauf die Enterhaken in
seinen beiden Händen den der ihn hielt
KIND Was heißt Curare
Pfeilgift
Indianisch
Du lernst es auf der Schule
KIND *vergnügt* Curare
Und Orgelbau
MISSIONAR Bei uns war beides möglich auch zugleich
M. DER ST. QUENTIN *leise* Wie hieß euer Boot *Nach einer
Pause* Das meine hieß Bei mir gabs mehr
als eins Aber es kann gut sein daß es
St. Quentin hieß
Hier flüstern welche
Ja

246

M. DER ST. QUENTIN *laut* St. Quentin sagte ich
Hör auf
Soll weiterreden
Worum geht es denn hier
Um Bootsnamen
M. DER ST. QUENTIN Darum daß es gut sein könnte daß das
Boot mit der kleinen Rothaarigen der
später der Maat folgte
Wer sagt denn daß die rothaarig war
M. DER ST. QUENTIN St. Quentin Und das deine Besinn dich
Der Name zieht den Rest nach War es ein
Flaggschiff Ein Flaggschiff muß es sein
Sonst wäre ihnen das Ausdrehen nicht so
wichtig gewesen
Gleich zwei Leute
Sogar Enterhaken
Geburtstag hatte er nicht
M. DER ST. QUENTIN Den hatte ich
Jetzt langsam unterscheide ich die beiden
Gelächter
Es ist von hier aus schwer
Von hier aus auch Selbst ich Ich stehe
hier dicht neben dem ersten
Händeklatschen Ruhe
Mischt euch nicht hinein
Sind das Seeleute
M. AUS FRISCO *stockend* Es ist meine Sache Ich begann
damit Niemand soll behelligt werden
Klingt gut
Kein Ende mit der Flagge

Er soll eins erfinden
Das will er nicht
KIND Ich möchte wellenreiten Surfing Solange
die Brandung reicht
Die Kleine hat zugelernt
ratlos Sie will hier durch
Nicht lassen
Nein Sie ist zu jung
Zu jung Man kann nicht jung genug
beginnen
entfernter Geräusche wie von einem
Tumult Jetzt will sie hier durch
Laßt sie
O Frisco Frisco
M. DER ST. QUENTIN Das sagt der so weiß nichts von
St. Quentin Eine dortige Geburt das ist
der wahre Adel
KIND *klagend* Die andern
Welche andern
Thackeray sagte der eine Und der andere
sagte es auch
Mein GOTT als ich noch jung war
Dazwischen riß das Tuch
KIND *Zornig* Ich will hier durch ich möchte
wellenreiten
Bei uns gab es das nicht Obwohl wir
auch an der Bucht wohnten
Dort entdeckte ich Thackeray
M. AUS FRISCO Dann kennen Sie vielleicht die beiden die
mit uns im Frühjahr kreuzten

M. AUS FRISCO	Nein Wie Soll ich denn über Land fahren und fragen Was geschah mit der Flagge als Sie Thackeray sagten Ich könnte ebensogut fragen Was geschah unter der Sonne Einen der schlief Der schlief *Unruhig* Ich hatte zu erzählen begonnen ich hatte gut zu erzählen begonnen Aber selbst wenn ich annähme daß der Wind das Tuch zerriß ich käme an kein Ende *vorsichtig* Kann es nicht sein, daß der Küchenstuhl mit dem einen zu kippen drohte daß aber der andere ihn hielt
M. AUS FRISCO	*unsicher* Zuletzt Und vorher
M. DER ST. QUENTIN	So weit erzähle nicht *Vertraulich* Bist du auch in St. Quentin geboren
M. AUS FRISCO	Bring mich nicht ab Ich war jetzt dicht daran
M. DER ST. QUENTIN	Es muß hier mehrere geben
M. AUS FRISCO	Alles in einem Thackeray die Flagge der Enterhaken
MISSIONAR	Wie ich schon sagte Das Studium der Pfeilgifte des Orgelbaus
M. AUS FRISCO	Nein nein nicht so *Ruhiger* Danach ging es westwärts
MISSIONAR	Ja wie bei uns Soweit es da noch westwärts gehen konnte
FRAU	José
JOSÉ	Ich schalte jetzt ab Aber es wäre besser

	Sie blieben noch eine Weile darunter
	damit Ihr Kopf abkühlen kann
FRAU	*seufzend* Gut gut
M. AUS FRISCO	Fast hatte ichs
M. DER ST. QUENTIN	Begnüge dich mach es wie ich Ich weiß
	nicht einmal ob meine Geburt zum
	Leben reicht und feiere sie doch
	St. Quentin oder nicht ich bin doch da
	Immer zu Anfang Dezember
M. AUS FRISCO	Mir geht es nicht um die Geburt
	Um Thackeray Das gefiele mir am besten
MISSIONAR	Es ist wahr auch wir bestimmten jeden
	Tag einer Hauptsache jede Woche einer
	andern jedes Jahr jedes Säkulum
	vergnügt Solange die Hauptsachen rei-
	chen
MISSIONAR	Es bewährte sich
M. AUS FRISCO	Ich erinnere mich an ein gestreiftes
	Kissen Ich hielt es mir unter den Kopf So
	las ich Thackeray Gestreift merkwürdig
	Ja
M. AUS FRISCO	Ich trennte mich nie leicht von der
	Lektüre wenn die Mutter rief Ich hatte
	noch Brüder
MISSIONAR	Unsere irischen Fratres
	Jetzt ist die Kleine weg
	Wohin denn
	Hinter dem Museum die Böschung
	hinunter
	Hier ist sie ja

MISSIONAR	Unsere Brüder waren die besten Finder beherzt und sorgfältig Wer ermißt was oft zwischen Mission und Mission in Verlust gerät
	leise Sie schläft
MISSIONAR	Das eine Mal ein Sattelstück im Stechginster das andere Mal Orgelpfeifen unter den Felsen Jede einzelne Pfeife hätte im Wasser landen können
M. DER ST. QUENTIN	Ich glaube wir hatten keine Orgel Vielleicht waren es unsere Pfeifen die ins Wasser fielen Ein Windstoß mehr ein ungezielter Regensturz *Lebhaft* Ich will euch von St. Quentin erzählen von seinem Anstrich den Höfen und Innenhöfen der Bau war vor Zeiten ausgeschrieben worden Unsere St. Quentin lag gut auf dem Wasser Bäume hatten wir keine
	Hier ist einer der gern noch mehr von Thackeray wüßte
	Von Flaggenstöcken
	Nein von St. Quentin
FRAU	Kann man kein Ende machen
JOSÉ	Noch nicht
	Die Kleine schläft aber tief Wenn ich denke daß sie eben noch vom Museum sprach hügelabwärts und von den andern Jetzt schläft sie
	Surfing

M. AUS FRISCO	Wenn es wirklich um Thackeray geht und wollen wir uns nicht darauf einigen so berichte ich gerne von ihm Ich weiß eine Menge
	Wollen wir uns einigen
	Worauf denn
	Wurde hier schon erwähnt
	Erst einmal einigen
	Nein
KIND	Nein nein
	Was sagt sie
	Träumt Sie redet nach
	Mein Frisco
	Lachen
	Es ist groß Es ist meins
	Was
	Groß und meins das möchte ich gesagt haben
M. AUS FRISCO	Und ich Was war es was ich gesagt haben wollte
	vorsichtig Ein Küchenstuhl
M. AUS FRISCO	Das ja
	Ein Mann darauf
M. AUS FRISCO	Ja ja
	Der Stab die Flagge Mehrfach eingedreht
M. AUS FRISCO	Sagte ich das
	So Ungefähr
M. AUS FRISCO	Und mehrfach
	Vierzehnmal
	Es ist eine Frage des Lebens

	Quincey
	Nicht Quincey
M. AUS FRISCO	Wie kam es dazu
	Für Doppelleben ist das eine Doppelfrage
	Bei dreien macht es drei
	Und vier bin ich Ich war es auch schon früher
M. AUS FRISCO	Aber vierzehn Vierzehnmal Wie geschah das
	Der Wind
	Das schwache Tuch
	Der starke Stab
	Gelächter
	Das schwache Tuch
	Der Wind
	Und schon geschah es
	So geschah es eben
	Ja so geschah es
	Es war gleich geschehen
	Weinst du
FRAU	José
	Friseure vor
FRAU	José
	Mein Frisco
	Wem seins
	Nein wessen Wessen Frisco
	Ich versteife mich nicht darauf Ich bin einsichtig
	Sum sum
	Der Ort der gut genug ist

Wessen ist es denn
Gehört den Friseuren Und dabei bleibts
Das Ding da mit dem großen
Nicht Quincey
Quincey nicht
Wie das orgelt
Ja
Und drängt Immer vor sich will
gähnend Es ist alles so wahr
Schottisch wahr irisch wahr
verklärt Da lagen sie Brüderlich
Nacht Varus
Gute Nacht Frisco
Brüderlich Wie ich sagte Wie ich schon
sagte
Nacht Nacht

KIND   *erwachend gereizt* Ich möchte surfing
Falsch
Du
Was möchtest du
aus einer anderen Richtung Ich bin eine
Verehrerin der hiesigen

KIND   Ich möchte gerne
Hiesig hiesig
Der Missionssprengel
Sind wir das
Nein
Alles entweder Schotten oder Iren
Richtig wollte ich sagen
gähnend Das Häuschen an der Bucht

KIND	Ich möchte wellenreiten
	Hier ist niemand der wellenreiten möchte
	Oder surfing oder sonst etwas
	Stimmts
	dumpf Niemand
	kichernd Surfing
	Die Kleine ist wieder eingeschlafen
	Ja soll sie *Zornig* Soll sie doch
	Wenn sie aufwacht gibts kein Surfing mehr
	Dann eilen sie schon heimwärts Mit Flaggen
M. AUS FRISCO	Flaggen
	Sst
M. AUS FRISCO	Sprach ich davon Oder wovon Heim-wärts Nein Oder von der Eile Eilen Das liegt mir auf der Zunge Aber nicht gut *mürrisch* Es waren Flaggen
M. AUS FRISCO	Flaggen
	Da soll doch einer
	Was
FRAU	José
JOSÉ	Ich komme schon Nur noch abkassieren Wir sind jetzt alle müde
M. AUS FRISCO	Was war es Ein Erhängter ein Webstuhl Nein es war kein Webstuhl
	Eine Orgel
	Müde
	Hier staubt es
M. AUS FRISCO	Thackeray

	Ja ja
	Du hast es bald
M. AUS FRISCO	Kein Webstuhl kein Erhängter
	Kein Sprengel
M. DER ST. QUENTIN	Mein Boot hieß Quentin
MISSIONAR	*zögernd* Wenn bei uns das Gespräch
	erlosch die Stimmen sich senkten
	Flaggen Einfach Flaggen
MISSIONAR	*hilflos* Der Abend rötlich hervorkam
	Kommt der
	Kommt ja
	Er kommt
	Curare Cur cu
	Die Stimmen sich senkten
	Hurra wollte ich sagen
	Der Abend rötlich hinter dem Museum
	hügelabwärts *lachend kann sich zuletzt*
	nicht halten vor Lachen bricht ab rötlich
	Hügel hügelabwärts *hustet lacht ver-*
	schluckt sich gluckst nur mehr sich senkten
	Lacht der
	Lacht lacht
MISSIONAR	Ich könnte wetten er sieht unserem
	Jungen aus St. Quentin ähnlich wenig-
	stens von der Ferne
M. AUS FRISCO	Der Kerl bringt mich heraus Flaggen
	Flaggen Ja flaggen
	Und Enterhaken Nein so Die enterhak-
	ten mit den Enterhaken und flaggten mit
	den Flaggen

	Einer
	Oder einer
	Wenigstens von außen
M. AUS FRISCO	*nachdenklich* Flaggen und Enterhaken
MISSIONAR	Wie er im Schrank hing Wenn man sich die Zunge wieder an ihren Platz denkt sieht er ihm ähnlich Das Wippen ist das gleiche
	Wippte der
MISSIONAR	Wenn man daranstieß
M. AUS FRISCO	Der bringt mich stark heraus
MISSIONAR	Und hörte schließlich nicht mehr auf ehe wir ihn zur Ruhe legten *Ernst* Das konnte er schließlich nicht von seiner Mutter haben
	Nein
M. DER ST. QUENTIN	Schwache Bürschchen kann man draußen nicht brauchen Da stecken oft die Großmütter dahinter Oder irgendwelche Onkel
	Wo draußen
M. DER ST. QUENTIN	Aber es war nicht schlecht wenn einer an Bord das Weben beherrschte
MISSIONAR	Man konnte auch bei uns alles brauchen
M. DER ST. QUENTIN	Vom Flaggenweben bis zu den Mützenbändern
M. AUS FRISCO	*vor sich hin* Enterhaken die Küstenlinie *rasch* Es wird jetzt Nacht
FRAU	José
JOSÉ	Ich bin da

FRAU	Sie vernachlässigen mich heute
JOSÉ	Ich stehe den ganzen Morgen bereit für Sie
FRAU	*zornig* Welchen Morgen
	Nicht Quincey
M. AUS FRISCO	Als Thackerays Stern schon aufgegangen
	war versuchte einer eurer Leute
	Halt halt
M. AUS FRISCO	Versuchte einer eurer Leute mich auf
	Quincey zu bringen Ein anderer stand
	und hielt er sagte das Flaggentuch hätte
	sich rund um den Stock herum gelegt und
	wäre eingerostet Genauso Vierzehnmal
	Er gab mir zwei Enterhaken Vor mir sah
	ich die Küstenlinie Ich hatte Geburtstag
	Das war der andere
M. AUS FRISCO	Das war ich
M. DER ST. QUENTIN	*entfernter* Ich ich
	Und der aus St. Quentin der im Schrank
	hing
M. DER ST. QUENTIN	War ich
	Da kommt noch mehr
	Blech
	Blech und Christbaumschmuck
M. DER ST. QUENTIN	Neun Tage Der war ich auch Wenn ich an
	die Mission denke Iren und Schotten und
	ich Ganz steif *Behaglich* Wenn ich daran
	denke *Nach einer Pause* Sie sangen gleich
	wieder
M. AUS FRISCO	*heiser entfernt* Bekamst du die Flagge
	herum

M. DER ST. QUENTIN	Ja so ist das *Aufgescheucht* Die Flagge
	herum Versucht habe ichs
	ruft Das kümmert ihn nicht weiter
FRAU	José
JOSÉ	Ja ja
M. AUS FRISCO	*dieselbe heisere Stimme wie vorher* Das
	kümmert ihn nicht weiter
	Darauf laß dich nicht bringen
	Es gibt hier welche die wissen wollen was
	mit der Flagge geschah Ihr gutes Recht
M. AUS FRISCO	*heiser* Gutes Recht ja
	Wer ist der rasch wieder
	Rasch Haltet ihn
	Hier Neben mir
	empört Ich bin nicht der
	Wie sah er denn aus
	Welcher
	Der begann Der den Küchenstuhl
	aufbrachte
M. DER ST. QUENTIN	Nehmt mich
	Die Flagge Thackeray Quincey
	Hier hier
	Die Küstenlinie
	Der ist fort
	Das Kind beginnt zu weinen
	Komm wellenreiten
	Oder weben Willst du weben
	Ich lese dir was aus Thackeray vor
	Die Kleine weint stärker
M. AUS FRISCO	*aus der Ferne atemlos* Lassen In Ruhe lassen

	Aber ja
	Ist das der Vater
M. AUS FRISCO	*näher noch immer atemlos* Ich habe
	einige Vorschläge für ihr Glück
M. DER ST. QUENTIN	*ganz nah* Ich auch
	Nicht drängen
	Hinter dem Museum hügelabwärts
	summt Zwischen Berg und tiefem tiefem
	Tal
	Gelächter
MISSIONAR	Das war ein hübsches einfaches Lied Das
	sang man
M. DER ST. QUENTIN	*zornig* Vorschläge für ihr Glück
M. AUS FRISCO	Sie soll jetzt gehen
MISSIONAR	Spät für so ein Kind
	Frisco Surfing Varus Euripides Mit dem
	wiegenden Gang der Seeleute
	Bring nichts Neues auf
MISSIONAR	Genug gehört
M. DER ST. QUENTIN	*lacht* Mit dem wiegenden Gang Der fehlt
	noch
M. AUS FRISCO	*heiser* Ja
	Der Erhängte und die schottischen
	Fratres
	St. Quentin Thackeray
	Der war das beste
	Die Weberin die über Bord ging
	Ssst
	Der Weihnachtsschmuck für neun Tage
	glucksend Neun

Der Matrose auf dem Küchenstuhl
aus der Ferne Mein Frisco
Die Kleine soll gehen
Curare Wellenreiten die irische Heimat
Soll gehen
Ja

FRAU   José
JOSÉ   Gleich
FRAU   Ich möchte zahlen
JOSÉ   Ich hole noch den Spiegel ist es so recht
Hat das lange Warten gelohnt *Nach*
einem Augenblick Gefallen Sie sich jetzt

Gare Maritime heißt Seebahnhof, eigentlich ein paradoxes Wort und zugleich eine exakte technische Bezeichnung für Bahnhöfe, die diejenigen Passagiere aufnehmen, die von der See kommen oder auf See wollen, umsteigen wollen eigentlich, wenn man das sagen könnte: auf die See umsteigen. Man könnte es hier fast sagen, da das Stück in einem öden leeren großen Innenraum beginnt, ich stelle mir die Halle eines aufgelassenen Seebahnhofs vor. Außer den Stimmen der drei Personen sind keine Signale, Geräusche von Zügen, Schiffen oder andere Stimmen hörbar. Man muß nun versuchen, den drei Personen, einem Mädchen und zwei Männern, zuzuhören, am Anfang vielleicht so, wie man hie und da gezwungen ist, Teile eines fremden Gesprächs mitanzuhören. Wenn man genau hinhorcht, wird einiges deutlich werden, vieles vielleicht unklar bleiben. Es ist vielleicht, als sähe man einem Puzzlespiel zu, oben erscheint ein grauer Fleck, wir wissen nicht, ist das der Himmel, unten erscheint vielleicht rot, grün, ein gedämpftes Blau, wir wissen noch nicht, ob das die Erde ist. Aber da und dort fügen sich schon einige Puzzlestücke zusammen und wenn wir das erste Gespräch in Ruhe an uns herangelassen und zu Ende gehört haben, wenn wir jetzt die inzwischen bedeckten Teile des Puzzles eindringlich betrachten, so ergibt sich schon einiges.

Es handelt sich offenbar um sehr unnütze Leute: Um Pedro, der immerfort Böcke schließt und dabei auf Joan aufpassen soll, obwohl er nicht weiß, weshalb, um Joe, einen Seemann, der offenbar an der Seefahrt zu zweifeln begonnen hat und um Joan, die auch schon im Begriff ist, unnütz zu werden, um die aber noch Erinnerungen aufblitzen, der noch nachgeforscht wird, wenn auch nur von zwei ziemlich unbeholfenen Lyzeumslehrern, die ihrer Identität nachgehen, ihren halbvergessenen Wert für die Nation feststellen sollen, immerhin eine Chance für Joan, aber sie läßt sich nicht darauf ein. Sie schlägt sich zu den Unnützen, läßt sich von dem frühzeitig abgeheuerten Seemann in einem abgelegenen und kaum besuchten Hafenmuseum verbergen, flieht vor denen, die nach ihr forschen. Sie scheint schon einmal erfahren zu haben, was Wert für die Nation bedeutet, es jagt ihr Furcht ein und bringt sie zum Lachen. Und sie beherrscht eine Kunst, die ihr dabei helfen könnte, nicht entdeckt zu werden, die Kunst, nicht mehr oder nur höchst selten zu atmen, eine Kunst, die sie vielleicht endgültig unnütz machen, sie ganz aus dem Bereich des Effektiven herausziehen könnte.

Während sie steif im Museum lehnen, versucht ihr Seemann Joe diese Kunst von ihr zu lernen, mit ihr den Höhepunkt der Unnützlichkeit zu erreichen und der Blockschließer Pedro, der ihnen nachgeht, beginnt zu ahnen, daß darin eine Chance auch für ihn liegen könnte, beneidet sie, bettelt sie darum, ihre Kunst auch ihm beizubringen. Die Unnützen versuchen also in diesem Spiel, ganz unnütz zu werden, sie versuchen, noch weiter an den Rand zu geraten. Das Hafenmuseum eines aus dem Betrieb geratenen Hafens scheint der richtige Ort dafür zu sein. Eine Schulklasse, die routinemäßig durch das Museum geführt wird, erweist sich noch einmal als Gefahr für sie, die plötzliche Liebe des Schuljungen Edward zu Joan, sein Wunsch, bei ihr zu bleiben, der Spott der anderen, der geeignet wäre, sie zu provozieren, aber sie bestehen die Probe, Pedro hilft ihnen dabei und auch die beiden Lehrer, die, zu Inspekteuren ernannt, die Identität Joans, ihren eventuellen Wert für die Nation feststellen sollen, scheitern.

Ein Museumswärter, der, als alle gegangen sind, das Museum noch einmal kontrolliert, ehe es geschlossen wird, entdeckt sie, reißt sie von den Haken, an denen sie sich mühsam selbst befestigt haben, und kehrt sie oder was von ihnen geblieben ist, in den Hof hinunter und an die Kais. Unnützer kann man nicht werden. Sie haben es erreicht. Und es ist nicht Resignation, es klingt ein Triumph aus Joes Worten, als er, während sie sich oder ihre unkenntlichen Reste mühsam die verlassenen Kais entlang schleppen, auf Joans Frage, ob sie vorankämen, antwortet: »Doch, doch Joan. Ich glaube, wir kommen voran.« Es sagt es fast so, als kämen sie erst jetzt eigentlich voran, nachdem die letzte Konsequenz aus ihrer Zusammengehörigkeit und der Kunst, die sie zusammengehörig macht, gezogen ist. Die Religionen, so heißt es, erneuern ihre Kräfte aus den Häresien. Diese Welt und diese Gesellschaft, in der die Wertmaß-stäbe der Effektivität, der ungeduldigen Nützlichkeit ausschließlich zu werden drohen, könnte die Chance ihrer Erneue-rung bei denen haben, die sie unnütz nennt.

Gare maritime

Personen

JOAN

PEDRO

JOE

1. INSPEKTOR

2. INSPEKTOR

KIND

LEHRERIN

EDWARD

NANCY

KINDER

STIMME VON DRAUSSEN

WÄRTER

JOAN	*jedes Mal schneller* Zur Zeit der Kreuzzüge zu Fuß zu jemandem gehen Zur Zeit der Kreuzzüge zu Fuß zu jemandem gehen Zur Zeit der Kreuzzüge zu Fuß zu jemandem gehen Zur Zeit der Kreuzzüge zu Fuß zu jemandem gehen
PEDRO	Block drei offen
JOAN	Wie weit
PEDRO	Rasch
JOAN	*stockend* Zur Zeit der Kreuzzüge zu Fuß
PEDRO	Block drei schließt gleich wieder
JOAN	*verwundert* Gleich
PEDRO	Rascher
JOAN	*sehr schnell* Zur Zeit der Kreuzzüge zu Fuß
PEDRO	Und weiter weiter
JOAN	*erschöpft* Gleich
PEDRO	*nach einer kurzen Pause* Joe *Erregt* Joe Atmet sie noch
JOE	*gähnt*
PEDRO	Ob sie noch atmet
JOE	Nicht viel dran *Nach einem Augenblick* Horch selber
PEDRO	Kann mich schlecht bücken *Als Joe schweigt* Faselte eben noch etwas *leiser* Verrat Verrat *laut* Verrat
JOE	Was denn

PEDRO	Alles verzogen Die Gatter eingedrückt
JOE	Du hast Angst
PEDRO	Die Puppen bringt man schlecht zwischen Gatter und Straßen durch Aber versucht haben sies Da ist allerhand versucht worden Verträge und so fort
JOE	Schläfst du auf dem Block
PEDRO	Ja
JOE	*kichernd* Kuschelst dich ein
PEDRO	Ja
JOE	Hast auch noch einen Vertrag
PEDRO	Einen mittleren Vertrag
JOE	Schalterdienst
PEDRO	*zornig* Gerade eben jetzt
JOAN	*beginnt langsam zu atmen*
PEDRO	Horch
JOE	Das hört sich nicht neu an
PEDRO	Abwarten
JOE	Das übertrifft sich nicht ob man es kreuz oder quer legt *Nachdenklich* Wir gingen schon miteinander als Ameisen die Kais entlang Da war nichts anders Jetzt trägt sie ein blaues Kleid
JOAN	*atmet rascher*
PEDRO	He Block drei schließt Ich sagte ihr vorhin daß Block drei gleich schließt
JOE	Machen sie dich hier zum Museumswärter
JOAN	*leise* Zur Zeit der Kreuzzüge zu Fuß Die Fastenzeit Viel zu Fuß

PEDRO	Ich habe Angebote genug
JOAN	Die heilige Woche
JOE	Der alte Hafen und so fort
PEDRO	Hört auf
JOE	Gehst du jetzt
JOAN	Block drei schließt gleich
PEDRO	Aha
JOE	Das weiß sie jetzt
PEDRO	*mürrisch* Es muß rascher gesagt werden
JOE	Das Museum ist ganz hübsch mit Figuren auch oft Wachleuten davor ganze Trupps Bringst du sie dorthin *Zögernd* Es soll dort alles schön ausgebessert werden
PEDRO	Deshalb nicht
JOE	Bringst du sie hin
PEDRO	Das soll mir einer sagen *Erregt* Hängt davon ab ob sie atmet oder nicht
JOE	Und wer soll das entscheiden
PEDRO	Zwei Grammatiklehrer vom Lyzeum auf dem Hügel
JOE	Kommen die herunter
PEDRO	Glaub ich nicht
JOE	Und wie bringst du sie hin
PEDRO	Das hängt wieder davon ab
JOAN	*atmet unregelmäßig*
JOE	Von dem da
PEDRO	Ja
JOE	Von dem soll alles abhängen
PEDRO	*sich mit Mühe besinnend* Da war ein Laden Ich weiß nicht was für ein Laden

	Da konnte man hin und konnte die Zu-
	schauer ausgesperrt lassen Manchmal kam
	einer hin und beschwerte sich aber der
	kam nicht durch Sie lag am Boden hinter
	dem Ladentisch Das konnte sie dort
JOE	Hieß sie Joan
PEDRO	Nein
JOE	Wie dann
PEDRO	Balthasar aber nicht Balthasar Weil sie
	kein Mann ist hieß sie nicht Balthasar
	Aber nur deshalb Wie wenn ein Mädchen
	Balthasar hieße So hieß sie
JOE	Ah ja
PEDRO	*hustet als hätte ihn das Reden angestrengt*
JOE	Bal tha sar
PEDRO	Das ist alles privat
JOE	Privat
PEDRO	Privat
JOE	Sags noch einmal
PEDRO	*beginnt wieder zu husten*
JOAN	*stockend* Zur Zeit der Kreuzzüge zu Fuß
	zu jemandem gehen
JOE	Kann sie noch mehr Sätze
PEDRO	Den kann sie nicht
JOE	*zärtlich* Joan
PEDRO	Nein
JOE	Das weiße Krägelchen
PEDRO	*zornig* Hör auf Rühr sie nicht an
JOE	Deine Biegepuppe Dein Püppchen mit
	dem durchgebogenen Kreuz

PEDRO	*ruhiger* So oder so
JOE	Daß nicht alles krachte als du sie durch die Gitter gezerrt hast *Auf Pedros Schweigen* Als ob es Winter wäre sieht die aus Ich gehe dann
PEDRO	Bleib noch
JOE	Mit dir auf zwei Lehrer warten Und mit dieser
PEDRO	Ich will nur den Block schließen
JOE	Geh Geh schon
PEDRO	Gib acht auf sie
JOE	*wartet einen Augenblick klopft vorsichtig* So dürre Hüftknochen hab ich mein Leben nicht gesehen *Klopft wieder Es klingt als ob er auf Holz klopfte* He wach auf Wach auf Joan
JOAN	*seufzt*
JOE	Sag deinem Joe wie oft du nicht atmest At mest Aus dir könnte man eine Menge hübscher Kinderklappern machen Hörst du Hörst du Joan Ich kenn dich doch ich kenn dich von früher *Dringender* Wenn du tauchst Joan wo holst du dann die Luft her Und wenn du nicht tauchst wieviele Atemzüge läßt du dann aus von denen die verlangt sind Ich muß es wissen Ich will umschulen Joan *Klopft wieder* Meinst du ich kenne deine hohlen Knie nicht wieder Als ob man auf unbedachte Verstecke stieße Das geht

durch die Seide Den Klang gibts nicht
noch einmal aber einmal gibt es ihn Mit
der Stirn versuch ichs erst gar nicht Oder
soll ichs mit der Stirn versuchen was
meinst du Oder da wo deine Schläfen
einsinken Du bist leicht zu erkennen Joan
Jeden Knochen erkennt man bei dir daran
daß du ihn nicht liebtest nicht großgezo-
gen hast Und dabei waren dir deine
Knochen noch immer lieber als der Rest

JOAN	*ruhig deutlich* Laß mich in Frieden Joe
JOE	Der arme Rest
JOAN	Mit deinen alten Reden
JOE	Atmest du jetzt
JOAN	Ich schneide Bast und dahinter kommen sieben Säuglinge hervor
JOE	Oder stößt du die Luft nur aus die sich dir eindrängt dir zudringlich wird Joan ehe dein Blockschließer wiederkommt diese Pest oder wer immer es ist ich will nur zwei Auskünfte von dir
JOAN	Nur zwei
JOE	Das ist schon viel
JOAN	Deine Lobreden
JOE	Ich will was wissen
JOAN	*ihn nachahmend* Wie lange hältst dus unter Wasser aus Joan
JOE	Das stimmt
JOAN	Und wie lang in der Luft
JOE	*begierig* Wie lang

JOAN	Was willst du wissen Joe
PEDRO	*atemlos* Was machst du mit ihr
JOE	Zwei Fragen zurück Wenn das nicht eine Menge ist
PEDRO	Hast du sie angerührt
JOE	Und wird immer noch mehr
PEDRO	*erschöpft* Block drei schließt nicht
JOE	Eine Weisung
PEDRO	Nein Er klinkt nicht ein Allein krieg ich ihn nicht hin Ich muß ihn aber hinkriegen
JOE	*seufzend* Ich komme schon
PEDRO	Und sie
JOE	Sie
PEDRO	Wir schleifen sie zu zweit
JOE	Das sind Aussichten Und bei den Drehkreuzen
PEDRO	Unter dem Gatter durch
JOE	Ach ja
PEDRO	*drängend* Sie geht leicht durch Es ist schon eine Spur dort
JOE	Das wird sie trösten
PEDRO	Kommst du
JOE	*zornig* Kommst du kommst du
PEDRO	So ist es richtig Joe So hältst du sie recht Vorsicht
JOE	Wenn doch die Spur da ist
PEDRO	Was kracht ist der Taft
JOE	Guter Taft Und was nicht kracht
PEDRO	Hier durch

JOE	Jetzt hast du das Kräglein verknittert
PEDRO	Noch hier Und hier
JOE	*schwer atmend* Die ist schwer aber leicht
PEDRO	Hier weiter
JOE	Weil sie nicht Balthasar heißt
PEDRO	Gib acht
JOE	Ich muß verschnaufen
PEDRO	Nach dem kurzen Wegstück
JOE	Vor dem langen Rest Bevor wir aufrecht durchs Drehkreuz gehen und sie unter dem Gatter durchzerren Und weiter
PEDRO	Der bricht nichts Die kenne ich
JOE	Ich auch nicht
PEDRO	Wechseln wir die Seiten
JOE	*mürrisch* Ich wechsle schon Hab immer noch gewechselt Kenne alle Seiten von allen Seiten her
PEDRO	Ich verstehe dich immer schlechter
JOE	Jetzt keuchst du ja
PEDRO	Das ist kein Kinderspiel mit dir und ihr
JOE	Das kurze Wegstück
PEDRO	Hier
JOE	Ich weiß Man kennt den Weg zum Block
PEDRO	Sie wird jetzt schwerer
JOE	*summt* Der Leuchtturm hat ein blau-blaues Kleid
PEDRO	Schwachsinn
JOE	Nicht auf See
PEDRO	Auf See auf See Du hast längst abgeheuert
JOE	Das Gatter

PEDRO	Und die konnten noch froh sein daß sie dich loskriegten
JOE	Ich weiß
PEDRO	Hier ist die Spur
JOE	Ich sehe nichts
PEDRO	Zwei Meter vom Gatterende
JOE	Die ist zu schmal Da zieh ich sie nicht durch
PEDRO	Was denn Über das Gatter werfen oder ins Drehkreuz stellen
JOE	Hier an den Wegrand legen bis wir zurück sind
PEDRO	Ich darf sie nicht allein lassen Keinen Moment
JOE	Könntest auch was versäumen
PEDRO	Komm schon
JOE	Ich zieh sie hier nicht durch
PEDRO	Ich sage dir der Puppe bricht nichts Da und dort Staub in die Höhlen Der lockt ihr vielleicht den Atem wieder hervor
JOE	Oder taucht dir zurück was du zuviel davon hast *Krachen*
JOAN	Dem hast dus gegeben Joe
JOE	Freu dich nicht drüber Kannst du stehen
JOAN	Nein
JOE	Ein Grundsatz von dir
JOAN	*ruhig* Kein Grundsatz
JOE	Aber gezerrt werden Und dann Schiedsrichter kommen lassen vom Lyzeum auf dem Hügel Kennst du die zwei

JOAN	Nein
JOE	Wie geht dein Atem jetzt
JOAN	Wie immer
JOE	Dann sag mir wie
JOAN	Ganz gut
JOE	Oder was wolltest du sagen Nein nein ich frage nichts mehr Wollte auch nur wissen wie dein Atem nicht geht und was sollst du davon wissen Das Kleid paßt dir
JOAN	Ja
JOE	Ja
JOAN	Ich muß meine Stimme nicht immer weglassen
JOE	Soviel wußte ich schon
JOAN	Nur den Atem
JOE	Ja
JOAN	Aber das reicht
JOE	Weißt du wo du bist Joan
JOAN	*seufzt*
JOE	Ich dachte mir daß du keine Ahnung hast Wie lange zieht der Kerl dich schon herum Wer hat dich ihm übergeben Und wer dem vorher *Nach kurzem Schweigen* Auch nicht Weißt du daß du Glück hast Es kann hier kalt werden und die Kälte bleibt nicht trocken Hörst du Es gibt hier einiges
JOAN	Ich weiß
JOE	Das weißt du wieder Dann weißt du vielleicht auch wieviel Kanonenboote

278

heute auslaufen oder ob wir Dienstag
haben Ich möchte einmal deine Wissen-
schaft beherrschen Sie geht wie dein
Atem

PEDRO   *ächzt*
JOAN   Er rührt sich wieder
JOE   Du sagst mir soviel
JOAN   Wie heiße ich nur rasch
JOE   Aber ich sag dir eins Verlaß dich nicht auf
Vordächer und laue Tage Sie werfen
Blasen

PEDRO   *benommen* Block drei Schließzeit
JOE   Soweit wären wir wieder
PEDRO   Du bist ein ganz kleiner gemeiner
JOE   Solche wie dich erwischt es öfter zu
schwach

PEDRO   *zornig* Ich muß den Block schließen
JOE   Zuviel
PEDRO   Mit dieser Knochenklapper die das
Atmen nicht lernt

JOE   *rasch* Laß sie mir
PEDRO   Damit mich die Hafenbehörde faßt
JOE   Das Lyzeum dachte ich Auf dem Hügel
PEDRO   Was willst du mit ihr
JOE   Den Richtern aus dem Weg gehen
PEDRO   Wohin
JOE   Das mache ich schon
PEDRO   Wie groß du redest
JOE   Ich verstecke sie vor den Kardinälen den
Lord Oberrichtern den Zollbehörden

PEDRO	Wo
JOE	An unbesuchten Orten
PEDRO	Dann im Museum
JOE	Ein Lyzeum tut es auch wenn es im Niedergang ist Ein neueröffneter Kindergarten dem keiner traut *Entfernt Schritte*
PEDRO	Ich glaube die zwei kommen
JOE	Die wollen sich um ihr Volk kümmern um die abgeheuerten Seeleute Und ihre Kinderklappern herunterdeklinieren
PEDRO	Vorbei
JOE	Die warens nicht
PEDRO	Aber man weiß es nie Ich muß jetzt schließen
JOE	Schließ deinen Block
PEDRO	Und die
JOE	Laß sie mir solang hier Wir warten Ich berühr sie nicht
PEDRO	Berühr sie nur Da kannst du deine Wunder erleben
JOE	Ich kann sie auch berühren
PEDRO	Laß sie
JOE	Ja
PEDRO	Sicher
JOE	Sicher
PEDRO	*schon entfernt* Aber sicher
JOE	Joan komm jetzt Er ist fort
JOAN	Mein Kleid
JOE	Dein Kleid ist ganz gut
JOAN	Das vorige war mir lieber

JOE	Ich weiß Kannst du so gehen Mit diesen Sohlen und Bändern
JOAN	Ich kann mit allem möglichen gehen
JOE	Dann komm Wir lassen die ersten Hafenbecken beiseite Vom letzten kenne ich den nächsten Weg zum Museum
JOAN	Dort findet er uns
JOE	Ich glaube nicht
JOAN	Wie nicht
JOE	Ich kann eine Figur machen
JOAN	*lacht* Du
JOE	Ich gebe schon acht
JOAN	*etwas außer Atem* Und welche Figur wirst du machen
JOE	Die dich hält Geh ich dir nicht zu rasch
JOAN	Nein
JOE	Was klirrt an dir
JOAN	Klirren
JOE	Mir war es so
JOAN	*ruhig* Nichts klirrt
JOE	Aber als es seineabwärts ging Joan wie war das
JOAN	Es war nicht schwer Nicht schwer nein Es stäubt einen einfach hinunter
JOE	Und dann
JOAN	Dann bin ich hier Das ist dann
JOE	Das ist jetzt Gib acht Ich frage dich nichts mehr *Poltern als ob ein Möbelstück umfiele*
JOAN	Mein Schuh

JOE	Das hörte sich nach Staub und Sesselbeinen an
JOAN	*lacht wieder* Der Kardinal
JOE	*erbittert* Der hat übergeben
JOAN	Schon lange
JOE	*ruhiger* Ja schon lang Aber es drang erst jetzt zu uns Und die Spanne zählt
JOAN	*emphatisch* Es lebe – *bricht ab dann wie verstummt* Es lebe der schlechtere von meinen guten Schuhen
JOE	Hier rechtsum
JOAN	Über diesen Barren
JOE	Gib auf den Rock acht
JOAN	*wegwerfend* Der Rock
JOE	*während sie weitergehen* Wenn wir dann im Museum sind Joan als Abelard nein ich weiß nicht wie der andere Name heißt wenn ich dich dann halte und wir reglos sind als Abelard und Joan zeigst du mir dann wie du nicht atmest wie oft die Abfolge und alles Die Zwischenräume Es sind lauter Kreuzzüge Joan es ist alles zu Fuß
JOAN	Da kommen sie
JOE	Mit ihren Mützen
JOAN	Hüten Mit den Hüten
JOE	Vielleicht sind sie es Deine Inspekteure die dich herausfinden wollen Der mit der Mappe sieht aus als wollte ers schon lang
JOAN	Er kannte meinen Vater Aber er nahm die Ochsen nicht wichtig

JOE	Die Ochsen
JOAN	Wir hatten zwei Und Hühner Die sah er gar nicht
JOE	Der andere
JOAN	Ist von später
JOE	*hastig* Schau nach dem Wetter Sag nichts
1. INSPEKTOR	Sind Sie der Blockschließer
JOE	Block Block
2. INSPEKTOR	Block eins Block zwei Block drei
JOE	Nein
1. INSPEKTOR	Er muß voraus sein
JOE	Ich sah einen der fing mit P an
2. INSPEKTOR	Das war er
JOE	Versuchte eine Dame in einem Kettenpanzer durch ein Gatter zu zerren Unten durch
1. INSPEKTOR	Auf alle Fälle
JOE	Dann eilen Sie sich Vielleicht erreichen Sie ihn noch mit Signalen *pfeift durch die Finger* So *ahmt ein quiekendes Schwein nach* oder so
2. INSPEKTOR	Der schlüpft uns nicht durch die Finger *von fern* Wie alt war die Dame
1. INSPEKTOR	
JOE	*ruft* Sie schwankte *Lauter* Ich sah nicht viel Es kam auf die Gatterstelle an Auch auf das Kettenhemd Aber zwölf war sie sicher Sicher Verlassen Sie sich darauf *Zu Joan* Das reicht lange
JOAN	Die kommen wieder
JOE	Deine Pest wird ihnen Wasser und Feuer

283

	erklären wollen alle Blöcke von eins bis drei Sie werden die Hüte ziehen ihn beschimpfen deinen Verlust beklagen Du kannst mit einem Jahrhundert rechnen ehe sie auf dem Absatz wenden
JOAN	Sie werden gleich da sein und meine Schrift bemängeln
JOE	Deine Schrift
JOAN	*zornig* Meine Kreuzstriche
JOE	Ich kenne sie Achtung Mörtel
JOAN	Sie waren so
JOE	Reib dir die Sohlen nicht wund
JOAN	So
JOE	Ja
JOAN	Der Dauphin beugte sich ihnen
JOE	Ich weiß gar nicht mehr worum es ging
JOAN	Drei Kreuze
JOE	Laß das vierte Der Mörtel ist hart
JOAN	Ich will da sein
JOE	Wir nehmen jetzt ein Boot Schnell durch das letzte Becken Noch ein Jahrhundert zwischen dich und deine Inspekteure Spring *Geräusch des Wassers Ruderschläge*
JOE	Kennst du Boote
JOAN	*zögernd* Nein
JOE	Aber Ochsen und Hühner und den Dauphin
JOAN	Ja
JOE	Landstrecken

JOAN	Genug
JOE	Felder
JOAN	Hier schaukelt es
JOE	Flache Straßen Du hast ein genügsames Herz Joan
JOAN	Woher ist das Boot
JOE	Ich vertäue mir hier und dort eins
JOAN	Behältst du den Überblick
JOE	Soviel ich davon brauche Streck die Beine aus Mach es dir bequemer Und behalte den Kai im Auge
JOAN	*bedrückt* Ja den Kai
JOE	Die Barren Blöcke
JOAN	Und Blockschließer Wärter
JOE	Man wird dich nicht mehr plagen
JOAN	Ist das Museum dicht
JOE	Dicht und staubig
JOAN	Und wenn sie doch kommen
JOE	Helfen uns andere Wir sind dann wertvoll Die Seeluft bewahrt uns Und unsere Heimatländer Ich halte dich wenn uns die Schulklassen streifen Am Eingang verkaufen die Wärter unsere Bilder Joan und Joe Ein Souvenir an die Welthäfen an die versöhnten Völker die getreuen Verwalter die sachten Oberhäupter die Kronen die über die Knie reichen Mit Luftschlitzen
JOAN	Man muß die Ehrfurcht behalten
JOE	Ja Joan

285

JOAN	Und sich nicht rühmen lassen
JOE	Nein nein
JOAN	Du mußt dafür sorgen Joe
JOE	Wenn ich nicht reiche lassen wir deine hölzernen Gelenke klappern Oder du atmest
JOAN	Reicht das denn
JOE	Für die einen die Klapper für die andern die Luft Das reicht Laß mir die Pausen *Als sie schweigt* Wenn alle fort sind bring mir das Gesetz von den Abständen bei Ersticken und dasein
JOAN	Wenn ich es dann noch kann Vielleicht daß ich mich an Katharina von Polen übe
JOE	An wem du willst
JOAN	Mach schneller
JOE	Behältst du den Kai im Auge
JOAN	Ich glaube ich sehe sie Sie sind eilig
JOE	Aber noch nicht groß
JOAN	Nein
JOE	Sie werden klein bleiben Mit verrenkten Hälsen Und der Hafenmuseumsbewacher wird sagen Nichts meine Herren
JOAN	*nachdenklich* Nichts meine Herren
JOE	Ist dein Blockschließer dabei
JOAN	Es läuft einer voraus
JOE	Jetzt spring Gib auf die Stufen acht
JOAN	Stufen kenne ich
JOE	Ich weiß Du kennst allerhand *Rufe von Kindern*

JOAN	Und wer schreit hier
JOE	Die Kinder aus dem Kindergarten für die Hafenarbeiter
JOAN	Die
JOE	Die passen Joan Kein Gatter für einen von uns An denen kommen wir gut vorbei
JOAN	Und wenn doch eines von ihnen mit mir klappern möchte
JOE	Es sind späte Kinder
JOAN	Dann komm
	Museumsraum Gewirr von Kinderstimmen
KIND	Joe ist schöner
LEHRERIN	Nicht anrühren
KIND	Nancy hat den Saum gestreift
KIND	Joes Saum
	Gelächter
EDWARD	Joan ist besser
LEHRERIN	Erkläre uns das Edward
EDWARD	Nur besser
	Wieder Gelächter
NANCY	*flüsternd* Klapperst du mit ihr
KIND	Nein Getrau ich mir nicht
LEHRERIN	Du fandest Joan gut Edward
EDWARD	Besser
LEHRERIN	Sag uns weshalb
KIND	Nancy hat schon wieder den Saum gestreift Fräulein
LEHRERIN	Geh zurück Nancy Zurück Alle zurück

NANCY	Edward soll es sagen
LEHRERIN	Weshalb ist Joan besser Edward
NANCY	Sein Papa fährt Milch aus
	Kichern
KIND	Und schwappt sie über die Vorplätze
NANCY	Edward möchte Milch von Joan Fräulein
KINDER	*schreiend* Ja ja
NANCY	Mir hat ers selbst gesagt
KIND	*flüsternd* Klapperst du jetzt mit ihr
NANCY	Gleich
LEHRERIN	Ich frage Edward
EDWARD	Joan ist dünn
KIND	Nancy will mit ihr klappern Fräulein
NANCY	Joe ist auch dünn
EDWARD	Joan ist aber dünner
LEHRERIN	Und ist das alles Edward
EDWARD	Sie ist deshalb besser Ich will Joan nicht melken Fräulein
	Klappern wie von einer Kinderklapper
EDWARD	*verzweifelt* Ich will es nicht ich will nicht
KIND	Das war Nancy Fräulein
LEHRERIN	Nancy ich werde dir später Bescheid sagen *Klatschen* Weiter weiter Es warten noch andere Räume auf uns
	Man hört die Kinder gehen
NANCY	*schon entfernt leise* Er wollte es doch
	Stille
JOE	Du hast nicht geatmet Joan
JOAN	Zweimal
JOE	Nancy hätte es gemerkt

JOAN	Es war eine Übung
JOE	Oder du hast nur den Akzent aus dem Atem gebracht weil der Atem die Akzente übertreibt wie Hast ihn abgesäbelt hast lange Pausen gemacht
JOAN	Da helfen Pausen nicht
JOE	Pausen Pausen Nenn es wie du willst aber beeil dich bring es mir bei ehe sie uns vielleicht doch hier finden dein Block-schließer und die beiden andern
JOAN	Edward war gut
JOE	Was sagst du
JOAN	Und Nancy
JOE	Soll die auch gut sein
JOAN	Sie erinnert mich an etwas
JOE	Die kann einen an allerhand erinnern
JOAN	Aber Edward war gut
JOE	*verzweifelt* Edward war gut *lauter* gut gut und Edward Er wars Edward wars Er war gut Gut gut Ein Milchfahrerjunge mit zu kurzen Armen
JOAN	Die hatte vielleicht auch seine Großmutter
JOE	Seine Großmutter Edwards Großmutter Und Nancy erinnert dich an etwas Sie werden gleich hier sein aber Nancy erinnert dich
JOAN	Sei ruhig
JOE	Sie hat mit deinen Knochen geklappert
JOAN	*als lachte sie* Fräulein Fräulein

289

JOE	Willst du nicht ihren Mut loben ihre gescheiten Finger Los los Joan War der Klang nicht gut War ihre Hand nicht angenehm
JOAN	Nein
JOE	Und als sie vom Melken anfing
JOAN	*stolz* Melken kenne ich
JOE	*bittend* Joan
JOAN	Da war nicht viel dabei
JOE	Joan ich kannte deine Mutter nicht als sie noch ein Kind war Ich bin nicht mit dir und deinen Brüdern auf euren Weiden umhergestapft hatte keinen Einblick in die Ställe keine Pflicht lähmt dich an mir deine Pflicht zu tun Ich kann dich bei nichts beschwören das uns gemeinsam wäre
JOAN	Die Fahrt durchs Hafenbecken
JOE	Dann bei ihrer Kürze und Bemessenheit auch bei dem schönen Irrsinn uns selbst hier ins Museum zu stecken stellen
JOAN	Stecken
JOE	Wo Nancy mit deinen Knochen klappern kann Joan sag es mir *Als Joan nicht antwortet* Es muß eine Rechnung sein eine Abstandsrechnung
JOAN	Ich kann es nur
JOE	Ich habe Nautik gelernt aber von deinen Abständen weiß man an keiner Fakultät etwas Nein das wissen sie nicht wie man

das Atmen ausläßt abhält gering macht
wie man die gemeinsten von allen
Windstößen an die Wand spielt Da stehen
sie mit ihren offenen Mündern und
lehren aber meinst du einer hörte auf zu
atmen und lehrte weiter Keiner

JOAN   Da stehst du hier und hältst mich

JOE   Wir sind eine hübsche Leihgabe Aber
wenn wir die Luft einziehen sind wir
nichts

JOAN   Du mußt es so machen So *Nach einer
Pause* So

JOE   So

JOAN   Nein

JOE   So

JOAN   Auch nicht

JOE   Sie werden gleich da sein

JOAN   So Du mußt die Schultern nein nicht die
Schultern die Arme du mußt den
Brustkorb oder sind es die Beine du
darfst die Beine nicht gekreuzt halten

JOE   Dann so

JOAN   Die Zehen locker die Finger müssen
hängen

JOE   Wer soll dich dann halten

JOAN   Hier ist ein Haken Häng meinen Finger
dran Nein nimm den zweiten Nicht zu
stark So Jetzt

JOE   Ich atme immer noch

JOAN   Es wird jetzt besser

JOE	Du willst mich trösten
JOAN	Es braucht Übung
JOE	Der Abstand vergrößert sich nicht
JOAN	Du bist ungeduldig Joe
JOE	Das war immer meine Stärke
JOAN	Lehn dich zurück
JOE	Ich lehne mich zurück
JOAN	Mehr
JOE	Mehr Und
JOAN	*leise* Da ist jemand
JOE	Nur einer
	Etwas nachschleifende Schritte die durch- und vorbeigehen
JOE	*lauter* Ein lieber Mann mit einem Holzfuß veranlaßte mich meinen Atem kurz anzuhalten
JOAN	Mit einer Nase
JOE	Ein lieber Mann mit einer Nase
JOAN	Beim Sprechen mußt du mehr Luft ausstoßen *Nach einer kurzen Pause* Daß dir weniger bleibt
JOE	Ach ja Joan
JOAN	Er hat nichts gemerkt
JOE	Jetzt wirst du gesprächig Solange du nicht altertümlich wirst freut mich das Joan Mit deinen drei Kreuzen *Als Joan schweigt* Ich versuche nur mehr Luft loszuwerden
JOAN	Ich höre
JOE	Mit unwichtigen Einwürfen

	Leichtes Klappern
JOAN	Jetzt ist mein Arm wieder unten
JOE	Ich bringe ihn wieder an Halt still *Zornig* Museumshaken
JOAN	Damit müssen wir auskommen
JOE	Ja ja Ich könnte jetzt auch vom Himmel anfangen aber ich tus nicht
JOAN	Vielleicht kommt niemand mehr
JOE	Diese Schulklasse oder was es war muß zurück Und auch der Holzfuß
JOAN	Ich verlasse mich angesichts der Feuchtigkeit auf alles rundherum Auch angesichts der Feuchtigkeit
JOE	Jetzt buchstabierst du
JOAN	Ich habe auch Angst
JOE	Auch Angst
JOAN	Und Furcht
JOE	Wir wollen Nancy ruhig heranlassen Joan Nancy die Inspekteure den Blockschließer von dem du zugelassen hast daß man ihn dir aufhalste den Holzfuß klapp klapp zurück
JOAN	Auf dem Rückweg werden sie sachter sein
JOE	Eiliger wenn wir Glück haben Aber darauf wollen wir uns gar nicht verlassen Zum Teufel mit der Vokabel
JOAN	*lacht*
JOE	Schon besser
JOAN	*muß niesen*

JOE	Halt still
JOAN	Kennst du das Lied BOSTON FÄHRT HERUM
JOE	Nein
JOAN	Von einem alten Mann in der Stille seines Studierzimmers
JOE	Werde keine Schulklasse Joan
JOAN	Hier ist noch ein Nagel Daran kannst du meinen Gürtel hängen
JOE	Wenn ich dir nur glaubte was du nicht sagst
JOAN	Mich wunderts daß ein ehemaliger Seemann ein solches Lied nicht kennt Boston
JOE	Zum Teufel mit Boston
JOAN	Dort spielt es Oder ganz nahe davon
JOE	Ich weiß ich weiß Es ist Mode daß eine Menge Dinge dort spielen Oder ganz nahe davon Wir nicht
JOAN	Wir sind kein Lied *Bedrückt* Man wird ausgenützt
JOE	Da wäre ich an deiner Stelle noch nicht so sicher
JOAN	Es passieren die dümmsten Dinge Im Vorgarten eines Hauses Säulenportal aus der Zeit des der Zeit die für die neue Welt der Zeit die der Zeit
JOE	Sprich leise langsam wenig
JOAN	Schritte
JOE	Gut Joan

JOAN	Der Holzfuß
JOE	Unsere Inspekteure kommen nicht mehr
JOAN	Mein Kleid reißt
	Wieder Schritte die durchgehen
JOAN	Und das liegt an der Seide
JOE	Ssst
	Stimmen einen Stock tiefer
JOAN	*ruhig* Jetzt kommen sie
JOE	*aufgeregt* Halt still damit die Seide nicht kracht Laß keinen Ärger hören Lach nicht lach nicht Und auch sonst nichts
JOAN	*freundlich eher abschließend* Joe
	Die Stimmen nähern sich die Treppen herauf klingen als wären es viele Dann Stille Wenn die Stimme des ersten Inspektors einsetzt ist es ohne Übergang Türenschließen oder ähnliches mitten aus der Debatte
1. INSPEKTOR	Karl der Vierte sage ich
2. INSPEKTOR	Es ist alles im Übergang Manschette Ärmel Bordüre Wie wir wissen gleichen sich die Zeichen der Übergänge oft mehr als die der Zeiten zu denen sie führen
1. INSPEKTOR	Das ist umstritten
2. INSPEKTOR	Die Schuhe lassen eher auf Karl den Dritten schließen
1. INSPEKTOR	Der Rest der Schuhe Leider ein ziemlich geringer Rest
2. INSPEKTOR	Sie muß viel gelaufen sein
PEDRO	*aufgeregt* Ich weiß es Ich kann den

	Herren sagen daß sie zu ihren Tagen viel gelaufen ist Aber solange ich sie habe habe ich sie geschleppt Und das sind gute drei Wochen Nein das ist schon mehr her
2. INSPEKTOR	Die Art wie die Schuhsohlen abgenützt sind läßt noch an anderes denken
PEDRO	Geritten ist sie auch
1. INSPEKTOR	*ärgerlich* Woher weißt du das
PEDRO	Wenn sie geredet hat
2. INSPEKTOR	Zu dir
1. INSPEKTOR	Lassen Sie ihn
PEDRO	Sie hat in die Luft geredet
1. INSPEKTOR	Du warst ein schlechter Aufpasser
PEDRO	Auf das habe ich genau hingehört
1. INSPEKTOR	Schauen hättest du sollen
PEDRO	Ich habe sie genau siebenundzwanzigmal durch die Gatter gezerrt Ich bin ein Block-schließer Wenn ich schließe kann ich nicht schauen Und dabei habe ich geschaut
1. INSPEKTOR	Ja ja ja
PEDRO	*gelassen langsam* Edinburgh Edinburgh Edinburgh Edinburgh
1. INSPEKTOR	Was sagt er
2. INSPEKTOR	Edinburgh
PEDRO	Sie hat es auch gesagt
2. INSPEKTOR	Und der daneben
PEDRO	Wer
2. INSPEKTOR	Der Kerl aus Holz den sie bei sich hat
PEDRO	Eh ich wegging war er noch aus Papier
2. INSPEKTOR	Das ändert sich oft rasch

PEDRO	Und redete wie sie
1. INSPEKTOR	Das müßte man herausfinden Die Herkunft der Nebenfiguren erhellt dann leicht den Rest
PEDRO	Ein abgeheuerter Seemann ist er Frühzeitig abgeheuert
2. INSPEKTOR	Sehr frühzeitig
PEDRO	Steward war er auf der Concord Zuletzt Dann gings rasch abwärts
1. INSPEKTOR	Denken Sie an Karl den Zweiten
PEDRO	Wenns einer einmal bis zum Steward herunter gebracht hat kommt nicht mehr viel
JOAN	*kichert*
2. INSPEKTOR	Ist hier noch jemand
PEDRO	Der Zweimaster klappert
1. INSPEKTOR	Es zieht hier
2. INSPEKTOR	Die ganze Anstalt liegt zu nah am Wasser
1. INSPEKTOR	Er soll jetzt gehen Wie heißt du Paul Pedro
PEDRO	*mürrisch* Was soll mein Name Paul Pedro
1. INSPEKTOR	Du warst zu nichts
PEDRO	Ich schaue nur nach ob die Fenster dicht sind
1. INSPEKTOR	*leiser* Untauglich
2. INSPEKTOR	Man hätte es wissen können
1. INSPEKTOR	Er sah nicht so aus Der Eindruck war verläßlich
2. INSPEKTOR	Ein verläßlicher Blockschließer
PEDRO	*vom Fenster* Hier herüben ist alles undicht

1. INSPEKTOR	Du kannst jetzt gehen
PEDRO	Ich bleibe noch
2. INSPEKTOR	Wozu
PEDRO	Abwarten Bin selten im Museum
1. INSPEKTOR	Jetzt wird er aufsässig
2. INSPEKTOR	Wir erfahren dann mehr
1. INSPEKTOR	Bleib eben
PEDRO	Ich brauche keine Genehmigung Bin selber aus dem Viertel
1. INSPEKTOR	Bin bin
PEDRO	Jetzt fängt der auch so an
2. INSPEKTOR	Jeder wann er kann
PEDRO	*noch vom Fenster* Und ich sag es noch einmal Ich habe sie siebenundzwanzigmal durch die Gatter gezerrt Es wären auch noch Spuren Vom Scheitel bis zur Sohle Wenn nicht die Sohlen alles verwischt hätten
2. INSPEKTOR	Sie hätte draufgehen können
PEDRO	Ach was
1. INSPEKTOR	Wir wollen nichts mehr hören
PEDRO	*klappert mit den Fensterrahmen*
1. INSPEKTOR	Laß die Fenster zu
PEDRO	Da war der Haken nicht drin Der Fensterhaken
2. INSPEKTOR	*leise* Wir wollten noch etwas hören
1. INSPEKTOR	*ebenso* Das kommt schon
PEDRO	Dann wundert man sich wenn die Fregatten abblättern
1. INSPEKTOR	Man wundert sich bald über nichts mehr

PEDRO	Wahr wahr
1. INSPEKTOR	Wenig kunstvoll wie das Kleid angebracht ist
2. INSPEKTOR	Aber durchtrieben Es hält
1. INSPEKTOR	Es reißt
2. INSPEKTOR	Dann liegt es an den Haken
1. INSPEKTOR	Sehen wir nach dem Wärter
	Sie entfernen sich
PEDRO	*flüsternd* Joe Wie hast dus gemacht daß du plötzlich aus Holz bist He Joe Sags mir Und daß dein Zeug so frisch gelackt aussieht Und alt Wie machst du das Der atmet gar nicht
JOE	Ssst
PEDRO	Jetzt hab ich euch Ich geh auch ins Museum Ich habe genug davon den Blockschließer zu spielen *Beginnt zu pfeifen* Dein Lieblingslied Ich lehn mich neben euch
JOAN	*ängstlich* Nicht
JOE	Untersteh dich
PEDRO	Ich untersteh mich
JOE	Dann reißt ihr Kleid und sie finden uns hier alle übereinander Du hast uns jetzt geholfen Hilf uns weiter *Als Pedro schweigt* Hilf uns Was hast du an ihr Du mußt sie durch die Gatter zerren Und an mir Wir sind schlecht zu bewachen
PEDRO	Ja schlecht
JOE	Rasch Geh ans Fenster

JOAN	Sie werden wiederkommen
PEDRO	Sag mir vorher wie dus gemacht hast Joe Nur wie der Firnis auf deine Jacke kommt und wieder springt
JOE	Joan bringt mir alles bei
PEDRO	Die Atempause
JOE	Sie war bescheiden Aber ich kann noch zulernen wenn sie uns nicht trennen und uns aus dieser Ecke zerren Irgend etwas auf ihre verdammte exakte Weise mit Drähten Horchgeräten oder nur mit den Fingern
PEDRO	Zulernen Länger die Luft nicht ein- ziehen
JOE	Und besser
PEDRO	Dann lern rasch zu Ich hab es auch satt
JOE	Lern du auch zu Lern es satt zu haben Sie kommen Lern gut zu Blockschließer Sättigungsgrad sieben ist das mindeste
PEDRO	Sieben zum Teufel *Vom Fenster her Verändert* Eins zwei drei vier fünf sechs sieben Sieben Schrauben locker Da muß es klappern
1. INSPEKTOR	Weißt du wo der Aufseher ist
PEDRO	*mürrisch* Vielleicht gegangen Der geht oft Geht rasch durch dann geht er kommt wieder geht wieder rasch durch
2. INSPEKTOR	Da unten ist noch eine Schulklasse
1. INSPEKTOR	2 B aus der Grundschule
PEDRO	2 B Sieh an

300

1. INSPEKTOR	Ich habe mich erkundigt
PEDRO	Dann kommt er wieder geht wieder rasch durch
1. INSPEKTOR	Hör auf
PEDRO	Ich glaube ich kenne ihn Den einen Er ist ganz gut Alte Schule Hält die Galionsfiguren in Trab
1. INSPEKTOR	*scharf* Das liegt dir wohl
PEDRO	Mir liegt gar nichts
2. INSPEKTOR	*einlenkend* Im Trab Das besorgen jetzt die Kinder
PEDRO	*störrisch* Und was das Gute ist Mir muß auch nichts liegen Das ist das Gute dran
1. INSPEKTOR	Im ganzen sind hier unhaltbare Zustände Die Feuchtigkeit Grundschulklassen die nicht hergehören Kein Aufenthalt
PEDRO	Gehen wir
2. INSPEKTOR	Du wolltest bleiben
PEDRO	Ich wechsle meine Absichten so regelmäßig wie möglich
1. INSPEKTOR	Unklassifizierte Objekte wer weiß wie viele noch
PEDRO	Ich wollte bleiben
1. INSPEKTOR	Am besten wir melden die Zustände und stellen alles anheim
2. INSPEKTOR	Ein altes Verfahren
PEDRO	Jetzt klappert auch die Tür
1. INSPEKTOR	Wir sind nach einer Person ausgeschickt Jetzt sind es zwei Niemand hat mit dem Mann gerechnet der sie hält

2. INSPEKTOR	Verändert das den Auftrag
1. INSPEKTOR	Beträchtlich Die Feststellung der Zeitalter die Einordnung allein die Untersuchung Ich würde nicht wagen hier viel zu berühren Es könnte die Art wie er sie hält verändern und uns um einige Schlüsse bringen
PEDRO	Ja ja die Schlüsse
2. INSPEKTOR	Ihre Person ist leicht zu klären
1. INSPEKTOR	Weniger denn je Vermutungen Voreiligkeiten die wir uns nicht leisten können
PEDRO	Die blöden Schlüsse und die blöden Anfänge Und erst der viele Blödsinn dazwischen
1. INSPEKTOR	Der Kerl soll den Mund halten *Er niest*
PEDRO	Sehr zur Gesundheit
1. INSPEKTOR	*niest wieder* *Joans Knochen beginnen zu klappern* *Eine Art knöchernes Klavierspiel*
1. INSPEKTOR	*während er sich schneuzt* Was ist das
2. INSPEKTOR	Schrecklich
PEDRO	Was sie nicht alles zuwege bringen Ich zu meiner Zeit Aber es ist klar Der Luftstrom durch Fenster und Türen Und dann der starke Luftstrom aus der Nase Knochen klappern gern
1. INSPEKTOR	Es muß das Schulkindergetrappel da oben sein Die Wände zittern Das Haus ist ungeeignet
PEDRO	Mager ist sie auch

1. INSPEKTOR	Man sollte Schulklassen den Zutritt hier verbieten Erst ab einer gewissen reifen Altersstufe
PEDRO	*ruhig* Ich will versuchen das in Ordnung zu bringen *Seine Schritte Dann flüsternd nur knapp hörbar* Hör auf Joan
JOE	*ebenso* Sie kann nicht
PEDRO	*laut* Das haben wir gleich
1. INSPEKTOR	Rühr sie nicht an
PEDRO	Ich kenne schon die Griffe *Flüsternd* Denk an die Gatter Joan als lägst du drunter *Laut* Ich sage ja das haben wir gleich *Wieder flüsternd* Da wo der Boden am nächsten ist Als lägst du drunter wie du oft drunter gelegen bist *Das Klappern jetzt leiser und langsamer*
1. INSPEKTOR	Was sprichst du dort
PEDRO	Ich wiederhole mir nur was zu tun ist Eins zwei drei und so fort *Leise* Du bist schon besser Gut Joan Du weißt man kann es Man kann auch noch das schwächste Geklapper fortlassen Du bist sehr gut Joan *Laut* Es ist jetzt fast vorbei Und wenn erst das Getrappel da oben ein Ende nimmt
1. INSPEKTOR	Das wird immer wilder
PEDRO	Es ist dann bald zu Ende
2. INSPEKTOR	Meinst du was wild ist ist auch abzusehen
PEDRO	Darauf kann man leicht kommen
2. INSPEKTOR	Vielleicht bist du doch ein guter Aufseher

Pedro Und eines Tages treffen wir uns
wieder und besprechen die Aufseher-
pflichten neu

PEDRO Wie Sie wünschen Herr Aber eines Tages
ist immer gut

1. INSPEKTOR Wir sind hergekommen um einzuordnen
endlich festzustellen um an Kleid und
Haartracht zu erkennen

2. INSPEKTOR Die Haartracht ist aber zerstört

PEDRO Und das Kleid schleißt

1. INSPEKTOR Der Wärter muß her

2. INSPEKTOR Die Schuhe sind auch ruiniert Unfest-
stellbar Wie von Feuer

PEDRO Die Haken sind zu grob hier

1. INSPEKTOR Unverantwortlich für ein Objekt wie
dieses

PEDRO Ich bin nicht schuld dran

1. INSPEKTOR Wir vertun die Zeit Hafenmuseen sind
schlechte Ideen und schlechte Aufent-
halte Hier kann man nicht arbeiten Wir
sind nicht freigestellt um herumzustehen

JOAN *leise* Französische Gedichte

1. INSPEKTOR Hier wispert es

PEDRO Das ist das beste hier Oder vertragen Sies
nicht Dann muß man es abstellen

NANCY *von der Tür her leise deklamierend* Im
Scheine dieses Mondes nur dieses Mondes steht mein Freund Edward neben mir
steht dicht bei mir *Verändert* Komm her
Milchfahrerjunge Die koppeln wir jetzt

	los deine Dame Joan die dir so gut gefällt
	Sie fällt dann auf dich Und alle ihre
	Rippen
EDWARD	Laß es Laß sie in Frieden Nancy
NANCY	O nein Die machen wir los Ganz los von
	ihren krummen Haken
EDWARD	Ich sags dem Fräulein
NANCY	*spöttisch* Du sagsts dem Fräulein
EDWARD	Sie ist Museumsbesitz Das Fräulein sagt
	sie hätte einen Wert von über von über
	Viel sicher
NANCY	Ich mach sie los
EDWARD	Du mußt sie zahlen
NANCY	Die ist nicht kostbar Sie kann sie nicht
	mehr drehen Sie ist alt Fünfhundertzehn
	und mehr Sie fällt auf dich
EDWARD	Laß sie Du sollst sie lassen
NANCY	Ich zahl sie gern das alte steife Stück Ich
	wind sie ihrem Seemann aus den Hän-
	den
	Der ist auch alt
EDWARD	Hör auf
NANCY	Dann zerr ich sie an ihrem dünnen Haar
2. INSPEKTOR	*ruhig* Weshalb willst du das tun Nancy
EDWARD	Hier ist noch jemand
NANCY	*ungerührt* Damit man alle kahlen Stellen
	auf ihrem Schädel sieht Fünfhundertzehn
	Was ist denn gut an der
EDWARD	Komm zu den andern Nancy
NANCY	Nein

2. INSPEKTOR	Weshalb willst du Joan quälen
NANCY	Vielleicht freut sie sich So alte Leute sind oft froh wenn es noch ärger wird
2. INSPEKTOR	Aha
NANCY	Und wenn man ihr verbogenes Gestell sieht Ich kenn das Meine Großmutter zieht sich oft vor mir aus Sie ist ganz schräg Die paßt in keinen Sarg mehr Und meine Großmutter ist erst achtzig oder hundertsechzig Mehr nicht
2. INSPEKTOR	Du möchtest Joan also eine Freude machen Nancy
EDWARD	Lassen Sie sie nicht
NANCY	Ich will Edward eine Freude machen Das will ich
EDWARD	Unser Fräulein kommt gleich
NANCY	Edward freut sich auch noch wenn sie auf ihn fällt wenn sie ihn anflennt einzwickt mit ihren dürren Rippen Der freut sich eine Weile eh er sich nicht mehr freut So ist der Aber dann zwickt es ihn dann versucht er doch seine Joppe aus ihren Fingern zu kriegen und das dürre Stroh das sie noch auf dem Kopf hat aus seinem Mund Er ist ein Milchfahrerjunge das ist er Sein Papa fährt Milch aus Der schreit auf allen Höfen Milch Milch
2. INSPEKTOR	Nur weiter Nancy Du bist noch nicht zu Ende
NANCY	Nein Plötzlich verlangt es ihn nach Milch

Er merkt daß aus der Bohnenstange kein
Tropfen kommt Er preßt sie fest an sich
und stößt sie wieder weg Es kommt
nichts nein es kommt nichts Dann bricht
er ihr die Knochen Fünfhundertzehn

1. INSPEKTOR   Woher der Balg das hat
2. INSPEKTOR   Bist du zu Ende Nancy
1. INSPEKTOR   Man sollte es notieren Vielleicht doch ein
Hinweis
NANCY   Dann dreht er sich mit mir Er sagt du
Süße wo kommt deine Milch her Wie
kommt es Nancy daß du soviel Milch
hast sagt er
1. INSPEKTOR   Fünfhundertzehn Das ließe viele Arten
von Schlüssen zu
NANCY   Er sagt du Süße wie kommt es daß du mit
den verkehrten Wimpern doch soviel
Milch hast Ich saug an deinem Kinn da
kommt sie schon
EDWARD   *zornig* Sei still
NANCY   Und Joan sag ich Ach sagt er dieser
Haufen Staub und Tränen diese Fregat-
tenmamsell die sich von einem Gipskerl
halten läßt Was sollen wir mit der noch
Ihr Stroh klebt mir im Mund und ihre
Rippen stechen
2. INSPEKTOR   Du bist jetzt fertig Nancy
NANCY   Fünfhundertzehn
1. INSPEKTOR   Das hat etwas zu sagen
Schritte auf der Treppe

EDWARD	*erlöst* Die andern kommen
NANCY	*vergnügt* Die andern andern andern Und das Fräulein
EDWARD	Ich sag ihr alles Alles was du gesagt hast
NANCY	Ja sag ihr alles
1. INSPEKTOR	Ich hätte gerne noch eine Weile zugehört
PEDRO	Ich auch Es ist ein Jammer Ich bin immer fürs Weiterführende
2. INSPEKTOR	Da sind sie
NANCY	Ich sags ihr Fräulein Fräulein
LEHRERIN	Schon wieder Nancy und Edward
NANCY	Edward wollte zu Joan
LEHRERIN	Stimmt das Edward
EDWARD	Nicht mit Nancy Fräulein Ich wollte zu Joan aber ich wäre nicht gegangen Ich wollte allein zu Joan
NANCY	Das wollte er aber ich nahm ihn mit Hier sind auch noch drei Herren
2. INSPEKTOR	Lehrer Inspektoren Nancy wußte hübsche Einzelheiten aber sie verwirrte sich Sie kam ins Plaudern
1. INSPEKTOR	Zahlen wußte sie
2. INSPEKTOR	Ist Joan Ihr Fach *Gelächter der Kinder*
LEHRERIN	*zornig* Nein
1. INSPEKTOR	Schade
LEHRERIN	Ich bin hier um den Kindern eine Ahnung von den abgebrannten Vierteln zu geben Plänen Fregattenmodellen Takelagen *Erschöpft* Die Klasse ist zu jung
2. INSPEKTOR	Wir hatten nicht den Eindruck

LEHRERIN	Gehen Sie mal mit ihnen hier durch
2. INSPEKTOR	Wir sind nur wegen Joan hier
LEHRERIN	*verwundert* Wegen Joan
1. INSPEKTOR	Alter genaue Herkunft Um ihren Wert für die Nation festzustellen
NANCY	*kichernd* Für die Nation
LEHRERIN	Halt den Mund Nancy Ihr kommt nicht mit auf die Fahrt durchs Hafenbecken du und Edward
NANCY	*spöttisch* Schade
LEHRERIN	Und ich werde noch mehr tun
NANCY	Lassen Sie Edward bei Joan knien Fräulein
KINDER	Edward weint Fräulein
NANCY	Er hört dann auf
LEHRERIN	Was ich lasse oder nicht lasse ist meine Sache
NANCY	Ganz sicher
PEDRO	Still jetzt
NANCY	Gleich gleich
PEDRO	Ein verdammt freches Ding ist das Und geht schon wieder zu nah ran an die zwei
2. INSPEKTOR	Ich dachte Edward wollte zu Joan Nancy Jetzt bist du näher dran
NANCY	Weil ich so gern die Knochen klappern höre Schön hohl
2. INSPEKTOR	Fünfhundertzehn
NANCY	Das auch Da hören Sies *Stille verblüfft* Die klingen gar nicht mehr Die sind jetzt still

2. INSPEKTOR	Schön still Und weshalb meinst du Nancy
NANCY	Weiß ich nicht Weshalb meinst du Edward
EDWARD	*schnauft durch die Nase*
NANCY	Der spuckt gleich
PEDRO	Der sollte längst schon spucken Und deine Knochen klappern lassen
EDWARD	Ich sollte sie ihr brechen
PEDRO	Noch besser
NANCY	Joan weshalb klingst du nicht Machts dir keinen Spaß mehr *Die Silben betonend* Keinen Spaß mehr *Wieder normal* Hast du genug von uns
LEHRERIN	*klatscht in die Hände* Wir gehen jetzt
NANCY	Hörst du das Joan
2. INSPEKTOR	Wir schließen uns am besten an
I. INSPEKTOR	Vorläufig
PEDRO	Ich bleibe noch
I. INSPEKTOR	Du kannst den Wärter suchen
PEDRO	Kann ich
NANCY	Sagst du denn deiner Joan gar nichts zum Abschied Edward
KINDER	Wiedersehen Joan Wiedersehen Joan
NANCY	*schon von der Tür her* Edward hat nichts gesagt *Die Schritte entfernen sich*
PEDRO	*vorsichtig* Ihr wart schön still ihr beiden Daß man sogar die Knochen still machen kann Hätte das keinem von euch

zugetraut Ganz still Schön still Durchge-
bogen und doch ohne Atem Ohne
Knochenklang Wenn ich euch jetzt die
Rippen bräche ob es krachte He gebt mir
Antwort Ihr wart wirklich ganz schön
still Oder wenn ich dein Kleid zerrisse
Joan deine himmelblauen Fäden Ob die
jetzt krachten Sagt doch was Ob die noch
Antwort geben Ich könnts gebrauchen
wenn auch nicht zuviel davon *Nach einer
Pause* Die sagen nichts Nichts Möchten
mich zappeln lassen ihren alten Freund
und Oberaufseher Joan Joe heraus mit
eurer Antwort Und die muß sich
gewaschen haben wenn sie jetzt kommt
Eine saubere Antwort muß das sein Oder
soll ich die rostigen Haken abbrechen an
denen ihr hängt *Schwer atmend* Ich
merke schon heute ist viel von Brechen
die Rede Brechen abbrechen zerfetzen
Haken Knochen Kleider Das muß in der
Luft liegen In dieser Zimmerluft Die
steht Da macht man was dagegen Redet
doch redet Sagt was *Verändert* Da ist der
Kleine wieder Edward

EDWARD Ich bin zurückgekommen Meinst du Joan
ich mache mir was aus den Hafenbecken
So wenig wie aus Milch Wenn ich auch
ein Milchfahrerjunge bin ich will keine
Milch von dir Ich wollte nur zurückkom-

	men Fragen wer der Herr ist der dich hält Er ist auch schön Joan aber du bist schöner Er ist nur blank Du bist auch matt
PEDRO	Doch eine Milchfahrervorstellung
EDWARD	Dich melken das fiel nur Nancy ein mir nicht Ich bin kein Melker Mein Vater sagt mir nicht einmal woher die Milch kommt Der hat viel zu viel davon Und ich wills auch nicht wissen Ich will nichts von dir keinen einzigen Tropfen Nicht einmal eine Antwort
PEDRO	Bescheidener als ich
EDWARD	*erschöpft* Ich wollte nur zu dir
PEDRO	Jetzt schläft der Kleine auch ein Das scheint mir ein schläfriger Tag zu sein
EDWARD	Der Rest ist jetzt auf dem Hafenbecken und redet Joan weißt du wie die schreien wenn sie reden
PEDRO	Luft ein Luft aus Und schon beginnt das Unglück
EDWARD	Die können nichts still sagen Ich lege mich zu euch
PEDRO	Ich sags ja Macht doch was dagegen Jetzt lümmeln schon drei da und es werden bald noch mehr wenn ihr nichts sagt Der Junge muß nach Haus Zurück in seine bescheidenen Zustände Den Milchfahrervater kommen hören Die Mutter am Fenster lehnen sehen Das muß der Junge

das sage ich euch damit er wieder ins Lot
kommt Ihr bürgt dafür Und ich muß
auch nach Hause Ich kann hier nicht
noch länger warten Wenn der Wärter
kommt ist es ohnehin um euch geschehen

EDWARD   Es ist angenehm bei euch

PEDRO   Komm jetzt Junge

EDWARD   Bist du noch hier

PEDRO   Ja aber mir fiels nicht ein mich deinen
beiden da zu Füßen zu legen

EDWARD   Du wartest auch

PEDRO   Nein Nicht mehr lange Gesteiftes
Knochenmehl ist nichts für mich Die
Seide die sich daran reibt gibt keinen
Laut

EDWARD   Das muß sie nicht

PEDRO   Du verteidigst sie auf Biegen und
Brechen

EDWARD   *mit Verachtung* Biegen und Brechen

PEDRO   Der Geschmack davon kommt einem hier
ohne weiters auf die Zunge

EDWARD   Dir

STIMME VON DRAUSSEN   Milch Milch Milch

PEDRO   Dein Vater

EDWARD   Den laß draußen

PEDRO   Käme mir auch nicht in den Sinn noch
einen herein zu zerren

EDWARD   Der legt sich hier nicht nieder

PEDRO   Schon vorbei

EDWARD   Das war schnell diesmal

PEDRO	Vielleicht rief er nach dir
EDWARD	Vielleicht
PEDRO	Ein guter Vater
EDWARD	Wollte mir seinen Rest Milch anhängen Trink Edward damit du groß und stark wirst
PEDRO	Nicht schlecht Ein großer starker Edward
EDWARD	So einer werde ich nie
PEDRO	Weil du nicht willst Und ich sage dir warum du nicht willst Du willst dich diesen beiden hier angleichen Schwach werden wie Joan dürr wie Joe *Fröstelnd* Es wird jetzt schattig Ich gehe Komm mit Wir trinken noch ein Bier
EDWARD	Bier
PEDRO	Das hört sich besser an
EDWARD	Ja Besser schon
PEDRO	Bier Bier
EDWARD	Hör auf
PEDRO	Hier wirft uns doch nur der Wärter hinaus
EDWARD	Der kommt noch nicht
PEDRO	Ehe er schließt muß er kommen
EDWARD	Dann bleiben sie allein Der Schatten schluckt sie Sie werden dann noch dünner
PEDRO	Du nicht
EDWARD	*zögernd* Ich komme morgen wieder
PEDRO	Ja morgen Einer der die zwei erinnert wie kräftig ein Schluck Bier ist ein Zug Luft

EDWARD	Und eine ganze Nacht in das Bett zurück das mich auswendig kann
PEDRO	Komm starker Edward Das Bier wird dir gut tun Dreh dich nicht mehr um
EDWARD	Du bist gut
PEDRO	Ja ich bin gut
EDWARD	Gut gut Man muß alles öfter sagen *Die Tür geht*
JOE	*ruhig* Soviel Besuch auf einmal
JOAN	Du warst gut Joe
JOE	Zuerst wars höllisch Man muß alles öfter sein Aber ich war jetzt öfter gut eine halbe Stunde lang
JOAN	Dreimal geatmet Und das still genug
JOE	Ich hielt mich an dich
JOAN	*lacht* Eine Schulklasse
JOE	Viel Ehre Joan
JOAN	Der Wert für die Nation
JOE	Deine Inspektoren
JOAN	Wie sie aufpaßten auf Nancys Geschwätz und gleich hinterher liefen
JOE	Ob sie uns kennen
JOAN	Sollen sie
JOE	Ja Sollen sie uns kennen Oder nicht Ich kann jetzt pausieren mit dem was sein muß mit den lächerlichen Luftzügen Sollen noch mehr kommen Oder noch weniger Wir wissen wie die zusammengefügte Asche schmeckt vermengt mit Fluß- und Seewasser wie komisch die

Könige sind *lacht hustet* alle Vorsitzen-
den

JOAN   Nimm dich in acht
              Schritte

JOE   *noch immer hustend* Da kommt noch einer
              Die Tür wird geöffnet

JOAN   *leise* Ein Wärter

JOE   *ebenso* Ich bin schon fertig

WÄRTER   Ist da jemand

JOE   *Hustet noch einmal schwächer*
              Dann Stille

WÄRTER   Ob da noch einer ist Dreck Fußstapfen
              Zugwind Wenn man einmal für einen
              Augenblick ins Freie tritt kommen die
              Schulklassen Die Fregatten stehen aber
              noch Das muß einen wundern *Er geht*
              durch das Zimmer Lucie Marie Sturm-
              wind So möchte ich nichts nennen
              Glückliche Fahrt So auch nicht *Er hustet*

JOE   *sehr leise* Das war nicht ich Joan

JOAN   Sssst

WÄRTER   Hier ist doch jemand Ganz sicher
              Seine Schritte Ein Fuß schleift nach
              Man spürt so was Jeden alten Leinenfleck
              der hier neu weht Aber die Fregatten sind
              noch in Ordnung Jede ein Glück für sich
              Was sage ich sonst wenn die Kommissio-
              nen kommen Lucie Marie Brave Schiff-
              chen Und die durchtränkten Papiere dazu
              Alles vollständig

Er blättert
Alles so wie es war Wie ichs vor
zweiunddreißig Jahren übernahm Was
damals schon fehlte zählt nicht Die
Stellung halte ich schon lange und es hat
sich nichts geändert an der Stellung
Ein Augenblick des Schweigens und der
Verblüffung
He wie kommt ihr denn her ihr beiden
Sagte ichs nicht gleich daß da was ist
Aber was das ist Zerfleddert und die
Fetzen an die alten Ofenhaken gehängt
Pfui Teufel nein ihr seid kein Schmuck-
stück Wißt ihr das Und wie ihr riecht
Nach Leim und Knochenmehl feucht wie
ihr seid Mit euch tu ich nicht lang herum
Für euch ist auch der Keller noch zu gut
He ihr
Er stößt mit dem Fuß nach Joan und Joe
Das Klappern von Knochen
Aber ich sags ja Besser zuviel als zuwenig
Mit euch mache ich leicht Schluß
Herunter von den Haken
Das Reißen von Seide
Ihr fallt recht leicht Ihr seid nicht schwer
zu befördern
Geräusch von Knochen die aufeinander
fallen
Am besten ich kehr euch gleich weg Weiß
Gott an euch ist nichts an euch ist gar

nichts Ihr stört hier Ihr bringt die
Symmetrie durcheinander Ofenhaken
Wem das eingefallen ist faule Seide an
Ofenhaken zu hängen Wie soll ich heizen
wenn der Sommer zu Ende geht Wem so
was einfällt die zwei hier anzubringen
Vielleicht den blöden Kindern die man
hierher schleppt Sicher denen Jetzt weg
hier in den Hof Und von dort karre ich
euch an die Hafenbecken Das sind
Ermessensfragen und das Ermessen ist
meins Die Aufsicht über euch habe ich
nie übernommen
*Noch einmal und noch stärker das
Geräusch von Knochen oder Hölzern die
durcheinander fallen*
Die geben nicht einmal auf Fußtritte
Antwort Wenn ihr reden könnt dann sagt
was Ich hole jetzt den Karren
Schon von der Tür her Sagt doch was Sagt
was *Die Tür geht Ein Augenblick des
Schweigens*

JOE	War ich gut Joan
JOAN	Als deine Gelenke brachen habe ich dich bewundert Du warst gut Und ich
JOE	Du warst sehr gut Auch als dein Kleid riß
JOAN	Ich glaube Joe wir beide sind gut
JOE	*ruhig* Wir sind sehr gut *Im Freien Klappern von Holz oder Knochen das näher kommt*

318

JOAN	Meinst du daß wir vorankommen
JOE	Mir klebt dein Auge zwischen drei von deinen Rippen
JOAN	Und ich habe einen Fetzen Drilch unter deiner Fußsohle
JOE	Dein Auge zwickt
JOAN	Und kommen wir voran
JOE	Es näßt mich Zwischen deinen Rippen hindurch tränt es auf die meinen Doch doch Joan Ich glaube wir kommen voran

Anhang

Der vorliegende Band vereinigt erstmals geschlossen Ilse Aichingers Hörspiele. Ihr erstes Hörspiel stammt aus dem Jahr 1953, *Knöpfe*, 1976 ist Ilse Aichingers bislang letztes, *Gare maritime*, publiziert und im gleichen Jahr von der Autorin mit Jutta Lampe, Ernst Jacobi und Otto Sander für den Süddeutschen Rundfunk / Westdeutschen Rundfunk inszeniert worden. *Knöpfe* ist in einem Sammelband als Fischer Taschenbuch erschienen (*Hörspiele*, Bd. 7010), *Gare maritime* bildet einen wichtigen Teil des Erzählbandes *schlechte Wörter* (1976). Die anderen vier Hörspiele Ilse Aichingers (*Besuch im Pfarrhaus* 1961; *Nachmittag in Ostende* 1966; *Die Schwestern Jouet* 1967; *Auckland* 1969) waren im (vergriffenen) Band *Auckland. 4 Hörspiele* (S. Fischer 1969) versammelt.

Es erweist sich als sinnvoll, diese insgesamt sechs Hörspiele Ilse Aichingers in einen Band zusammenzufassen: Die Entwicklung von der scharfen, sicheren, aber auch noch relativ geschlossenen Dialogtechnik in *Knöpfe* (1953) über das schwebende Spiel aus Stimmen in *Besuch im Pfarrhaus* (1961) zur Offenheit von *Auckland* (1969) und zur zärtlichen Radikalität von *Gare maritime* sollte in Geschlossenheit nachvollziehbar werden. Einzig das

1955 zusammen mit Günter Eich geschriebene Hörspiel *Der letzte Tag* ist hier
nicht aufgenommen worden, weil dieses
Stück – auch nach dem Willen Ilse Aichingers – immer unter Günter Eichs Namen
firmierte und weil überdies die Anteile
Ilse Aichingers daran nicht mehr klar auszumachen sind und nur innerhalb einer
kritischen Ausgabe auflösbar wären. *Der
letzte Tag* ist nachzulesen in der Günter-
Eich-Werkausgabe, Bd. 3, Die Hörspiele 2, hrsg. von Karl Karst, Frankfurt
a. M. 1991, S. 197–243, Suhrkamp Verlag.

Als Druckvorlage für die Edition dienen die vorliegenden Buchausgaben, die
anhand der Typoskripte auf Druckfehler
überprüft worden sind. *Gare maritime* ist
aus dem Band *schlechte Wörter* (1976)
übernommen worden.

Die ›Vorbemerkungen‹ zu den Hörspielen *Die Schwestern Jouet, Besuch im
Pfarrhaus, Auckland* und *Gare maritime*
sind bislang unveröffentlicht. Druckvorlage sind die Manuskripte.

Der Anhang versucht in einigen Fällen
nicht nur Datierungen zur Entstehungszeit, sondern auch, in gebotener Kürze,
einen gewissen Kontext zu geben. Besonders hervorzuheben sind hier die Gedanken Ernst Jandls zum Hörspiel *Besuch im*

Pfarrhaus: Jandls Betonung des Sprach-
charakters gilt nicht nur für *Besuch im
Pfarrhaus*, sondern erkennt und bestimmt
Ilse Aichingers Stellung in der Geschichte
des Hörspiels.

Bibliographische Hinweise

Abkürzungen

ES Erstsendung
ED Erstdruck
EB Erstveröffentlichung in Buchform
 E Entstehung

Knöpfe

ES NWDR/Südwestfunk, 16. Dezember 1953
Regie: Otto Kurth

ED ›Die neue Rundschau‹, 65. Jg. (1954), H. 2,
S. 276–315

EB Hörspiele. Mit einem Nachwort von Ernst
Schnabel, Frankfurt a. M. 1961, S. 43–79
(Fischer Taschenbuch Bd. 7010). Zugleich
Druckvorlage (an wenigen Stellen von Ilse
Aichinger abgeändert).

 E Bereits 1951 gab es Pläne für ein Hörspiel: Ernst
Schnabel, der Intendant des seinerzeitigen
Nordwestdeutschen Rundfunks (NWDR),
wollte gegen eine monatliche Pauschale unter
anderem bei Ilse Aichinger ein Hörspiel in
Auftrag geben (vgl: Gottfried Bermann Fischer
und Brigitte Bermann Fischer: *Briefwechsel mit
Autoren*, hrsg. von Reiner Stach, Frankfurt a. M.
1990, S. 536, S. Fischer). Ilse Aichinger aber
nahm den Auftrag nicht an, obwohl sie Schnabel
1951 in Heidelberg die Idee zu einem möglichen
Hörspiel erzählt hatte: Eine Dramatisierung der
Mondgeschichte.
Erst 1953, kurz vor und nach der Heirat mit
Günter Eich (Juni), griff Ilse Aichinger auf ein
autobiographisches Erlebnis ihrer ersten Eng-
landreise (September 1948 bis April 1949)
zurück, wo sie ihre Zwillingsschwester Helga

besucht und einige Wochen – wie auch Erich Fried – in einer Londoner Knopffabrik gearbeitet hatte. Das Hörspiel *Knöpfe* entstand im Sommer 1953 in Geisenhausen bei Landshut/Oberbayern.

Das Manuskript enthält Anmerkungen Günter Eichs, vorwiegend zum Raumwechsel Fabrik – Straße – Zimmer.

Besuch im Pfarrhaus

ES Norddeutscher Rundfunk, 16. März 1962
    Regie: Heinz von Cramer

ED Besuch im Pfarrhaus. Ein Hörspiel Drei Dialoge, Frankfurt a. M.: S. Fischer Schulausgaben, S. 3–57
    Vorbemerkung: bislang unveröffentlicht

EB ebda.
    Auckland. 4 Hörspiele, Frankfurt a. M. 1969, S. 8–33

E   Geschrieben wurde das Hörspiel *Besuch im Pfarrhaus* im Jahre 1961 nach einem ersten Konzept, das während eines mehrmonatigen Sylt-Aufenthalts 1959 entstanden war. Aus 1961 stammt auch die im vorliegenden Band erstmals veröffentlichte *Vorbemerkung*.
    Ernst Jandl äußerte sich in einer Rundfunksendung zu *Besuch im Pfarrhaus* (Südwestfunk Baden-Baden 1986, Reihe Hörspielklassiker: Ilse Aichinger, von Elisabeth Weber): »[…] Ich hatte nie zuvor und nie nachher so viele Hörspiele gehört wie 1966 im Verlauf eines mehrtägigen Hörspielseminars in Wien. Unter den Hörspielen, die es zu hören gab, hatten sich einige für mich interessante gefunden. Das eine jedoch, dem ich ohne jede Einschränkung beigepflichtet hatte, und von dem ich, durch die Jahre seither, immer noch Stimmen vernehmen zu können

glaubte, war das Hörspiel *Besuch im Pfarrhaus* von Ilse Aichinger.

Hier stand keine Technik im Vordergrund, keine Perfektion machte sich aufdringlich. Es hatte auch nichts Illusionistisches, es appellierte nicht durch das Ohr an das Auge, sondern es war ein Stück Poesie, also etwas für sich selbst, keine Wiedergabe von etwas, keine Aussage über etwas. Es war ein sprachlicher Ablauf, eine Folge von Wörtern und Sätzen, getragen von Stimmen, im Prinzip also etwas Lineares, das aber an jedem Punkt Beziehungen aufnahm zu Dingen außerhalb, zur Welt, zum Leben. Auf diese Weise gewann der an sich lineare Ablauf eine neue Dimension. Er wurde flächig, er wurde zu einer gemusterten Fläche, einem unregelmäßigen Muster, einem Bild, aber keiner Abbildung. Unregelmäßigkeit und Ausgewogenheit im gleichen Ding vorzufinden wie hier im Hörspiel, ist ein außerordentliches Vergnügen. Es vermittelt ein Gefühl von Harmonie, ähnlich jenem, das wir in manchen Momenten der Welt gegenüber empfinden können, dem Leben, und zwar gerade dann, wenn wir unser Wissen von Schmerz und Tod dabei nicht ausschalten. [...] Dieses Hörspiel ist weder Abbild noch Gleichnis. Seine Wörter und Sätze sind uns bekannt, aber die Abfolge dieser Wörter und Sätze und das Muster, das entsteht, sind uns nicht bekannt. Nicht bekannt aus etwas anderem, nicht von vornherein bekannt, nur bekannt nachher – aus dem, was wir gehört haben [...]«

Nachmittag in Ostende

ES Norddeutscher Rundfunk / Süddeutscher Rundfunk, 31. März 1969
Regie: Heinz von Cramer

ED Auckland. 4 Hörspiele, Frankfurt a. M. 1969,
    S. 36–71
    Vorbemerkung: bislang unveröffentlicht
EB ebda.
E   Das Hörspiel entstand, nach Auskunft Ilse
    Aichingers, im Winter 1966. Ostende – »weil es
    auf dem Weg nach Dover liegt und geheimnisvoll
    ist«. (Ilse Aichinger). Die *Vorbemerkung* ist
    1969/1970 anläßlich einer Lesung aus dem
    Hörspiel entstanden.

    Die Schwestern Jouet
ES Bayerischer Rundfunk, 18. Juli 1969
    Regie: Ludwig Kremer
    Neuinszenierung
    Süddeutscher Rundfunk, 13. Juli 1986
    Regie: Otto Düben
ED Auckland. 4 Hörspiele, Frankfurt a. M. 1969,
    S. 74–112
    Vorbemerkung: bislang unveröffentlicht
EB ebda.
E   Das Hörspiel entstand Ende 1966 / Anfang 1967.
    Ilse Aichingers Kalender 1967 enthält unter dem
    25. Februar 1967 die Eintragung: »Hsp. Jouet
    fertig.« Ebenfalls 1967 entstand auch die
    gleichnamige Erzählung (vgl. *Eliza Eliza*). Beide
    Stücke thematisieren – wie einige Erzählungen
    (etwa *Meine Sprache und ich, schlechte Wörter*)
    und wie der frühe Dialog *Flüchtiger Gast* – den
    Prozeß des Schreibens, auch denjenigen des
    Entstehens poetischer Welt (vgl. hier auch die
    frühe Erzählung *Das Bauen von Dörfern* in:
    Eliza Eliza).
    Die Annäherung von Hörspiel und Erzählung
    im Falle der Jouets ist im übrigen kein Zufall,
    sondern war schon früh ein Strukturprinzip von
    Ilse Aichingers Erzählkunst: vgl. dazu die starke

Dialogform des Romans *Die größere Hoffnung*,
besonders aber auch die Erzählung *Der Engel* in:
Eliza Eliza.
Die *Vorbemerkung* ist 1967/1968 anläßlich einer
Lesung aus dem Hörspiel entstanden.

Auckland
ES   Norddeutscher Rundfunk, 19. April 1970
    Regie: Heinz Hostnik
    Neuinszenierung
    Süddeutscher Rundfunk, 10. August 1986
    Regie: Otto Düben
ED   Auckland. 4 Hörspiele, Frankfurt a.M. 1969,
    S. 114–152
    Vorbemerkung: bislang unveröffentlicht
EB   ebda.
 E   Ilse Aichingers Kalender für 1969 enthält die
    Eintragungen: »18. 1. beg.« und »21. 4.: Hsp.
    Schluß«. Typoskript auf Rückseiten des ›Evange-
    lischen Pressedienstes‹ (epd) (22. Januar 1969,
    15. Februar 1969).
    Ab 27. April wurde das Hörspiel noch einmal
    abgeschrieben und zwischen 25. Mai und
    17. Juni überarbeitet. Am 16. Juni 1969 Kalen-
    dereintragung: »Hsp. mit Günter durchgegan-
    gen.« Das TS enthält – mit Ausnahme der
    Kinderstimme – noch keine Aufgliederung in
    Sprecherrollen.
    Jedem TS-Blatt ist ein Blatt mit Anmerkungen
    Günter Eichs beigelegt. Diese Anmerkungen
    reichen von Streichungsvorschlägen (von Ilse
    Aichinger meist übernommen) bis zu *Maulwurf*-
    artigen Anmerkungen, z.B. zur zweiten Seite,
    Satz: »(Kinderstimme) Ein Ire aus Frisko, ein Ire
    aus Frisko!« Günter Eich: »Ein Ire aus Frisko –
    ein Frisko aus Iro«. Oder der an Flauberts
    Wörterbuch der Gemeinplätze gemahnende

331

Einwurf Günter Eichs zu einem Satz der ersten
Seite »Er ist lieber aus Rhodos«: »Rhodos? Wo
ist das? Hic salta.«
Die *Vorbemerkung* ist 1969/1979 in Hinblick auf
Lesungen aus *Auckland* entstanden.

Gare maritime

ES   Österreichischer Rundfunk / Landesstudio Salz-
burg, 24. Februar 1974
Regie: Gert Westphal
Neuinszenierung durch Ilse Aichinger
Süddeutscher Rundfunk / Westdeutscher Rund-
funk, 20. Januar 1977

ED   schlechte Wörter 1976, S. 83–127

EB   ebda.
Die *Vorbemerkung* wurde 1976 für die Sendung
des Hörspiels beim WDR am 7. Februar 1977
geschrieben und wird hier, von Ilse Aichinger
noch einmal überarbeitet, erstmals gedruckt.
Druckvorlage: MS

E   Die Arbeit am Hörspiel *Gare maritime* erstreckt
sich über drei Jahre: Der Kalender 1972 enthält
die Eintragungen: »11. 1. G. M. beg.« und
»26. 5. G. M. Schluß (?)«. Zwischen 27. Mai
1972 und 16. Juni 1972 wurde der Text von Ilse
Aichinger noch einmal abgetippt und – wie meist
bei ihren Reinschriften – korrigiert. Der Text
wurde im Sommer 1973 beim ORF Salzburg von
Gert Westphal inszeniert – in prominenter, aber
doch eher an Arthur Schnitzler geschulter
Besetzung (Vilma Degischer, Sylvia Manas).
Vor dem Druck in *schlechte Wörter* 1976 noch
einmal – in wenigen Details – überarbeitet.
(Kalender 1975: zwischen 26. Februar 1975 und
4. April 1975).